Un avocat général s'est échappé

Du même auteur

Le Droit de la presse
(avec Me Bernard Prévost)
PUF, coll. « Que sais-je ? », 1990

Le Besoin de justice
(avec Claude Grellier et la collaboration de Joseph Vebret)
Calmann-Lévy, coll. « Plume », 1991

Plaidoyer pour une presse décriée
Filipacchi, 2001

PHILIPPE BILGER
avec Stéphane Durand-Souffland

Un avocat général s'est échappé

ÉDITIONS DU SEUIL
27, rue Jacob, Paris VIe

Ce livre est édité par Patrick Rotman

ISBN 2-02-058540-5

www.seuil.com

Avant-propos

Un verbe singulier, un timbre particulier, un rythme inhabituel et captivant : ceux qui ont écouté l'avocat général Philippe Bilger requérir dans la grande salle de la cour d'assises de Paris savent qu'ils n'ont pas entendu un magistrat ordinaire.

« Avocat général » : l'appellation est ambiguë, qui évoque à la fois la défense et la charge, la demande de clémence et l'impérative sévérité, le service successif de causes multiples et la dévotion permanente, unique, à l'ordre public. Philippe Bilger porte en lui ces contradictions, à partir desquelles il a forgé une personnalité judiciaire riche, parfois déroutante. N'a-t-il pas un jour remercié François Besse, ancien complice de Jacques Mesrine, d'avoir fait voler en éclats l'idéologie perverse de la violence libératrice et accoucheuse ? Car, pourrait-on dire, il n'exerce pas son métier au premier degré, livrant, au contraire, procès après procès, autre chose que la prestation stéréotypée de l'accusateur public à laquelle beaucoup s'attendent – peut-être parce que, malheureusement, elle leur est souvent servie par d'autres porte-voix du ministère public.

Philippe Bilger est un personnage entier, dont l'intransigeance et le caractère ne peuvent plaire à tout le monde. Il aime la cour d'assises, la musique classique, sa famille, les bons livres, les belles phrases. Il déteste les chewing-gums, les journalistes qui bavardent pendant les audiences, les témoins qui, face à la cour, gardent les mains dans leurs poches, les avocats vaniteux qui oublient de saluer leur adversaire.

Comme il est très intelligent et totalement indépendant – dans l'univers judiciaire, on dit « incontrôlable » –, ses ennemis le prétendent manipulateur, mégalomane, misanthrope. D'aucuns font même courir sur son compte des rumeurs qui pourraient être blessantes s'il n'était pas le premier à en sourire. Ainsi, quand on lui prête telle ou telle perversion professionnelle, voire intime, aime-t-il soupirer, l'œil pétillant : « Ah, j'aimerais bien... »

Il est rare que les avocats généraux, qui représentent la société dans les procès criminels, s'adressent à la société, une fois le verdict rendu. C'est pourquoi la voix de Philippe Bilger mérite d'être entendue parmi celles qui s'élèvent pour nourrir le débat sur la justice. Sa culture personnelle, son expérience professionnelle lui ont permis de découvrir, de l'intérieur, avec un regard exigeant et farouchement anticonformiste, les rouages d'une institution dont il se refuse à proposer une vision grincheuse. Ce magistrat-là est content de son sort, fait suffisamment rare pour être souligné, ce qui ne lime en rien la tournure fondamentalement critique de son esprit.

Au terme du procès de François Besse, jugé vingt-cinq ans après les faits qu'il avait commis à la fin des années 70, Philippe Bilger m'a proposé de l'aider à mettre en forme ses réflexions. Lui et moi étions encore sous l'emprise d'audiences qui, de par la personnalité hors du commun de l'accusé – truand devenu philosophe –, avaient agi sur les assises comme un sortilège. L'élévation de pensée de François Besse conduisait tout naturellement deux professionnels, l'un magistrat, l'autre chroniqueur judiciaire, à s'interroger sur le fonctionnement de la procédure criminelle et la difficulté de juger. Philippe Bilger avait initialement formé le projet de rédiger, seul, un court pamphlet sur la justice, ses dérives et sa grandeur. Il lui est apparu, à la réflexion, que le caractère nécessairement très polémique d'un tel texte aggraverait ce qu'il désirait dénoncer : une vision pessimiste et « gémissante » de l'institution judiciaire, un regard systématiquement négatif sur les magistrats, l'obsession de cliver au lieu de concilier et de réconcilier.

Le magistrat relate dans cet ouvrage quelques grandes affaires dans lesquelles il a été amené à requérir. Il le fait avec un recul et une franchise qui, sans aucun doute, surprendront. Comme surprendront les propos très libres de l'avocat général, retranscrits ici en respectant le phrasé lyrique, spontané et luxuriant qui est le sien, aux assises comme à la ville.

Qui connaît Philippe Bilger retrouvera dans ces pages son habileté rare à assembler les contraires pour en faire un tout judiciaire, don qui en agace certains, mais qui en réjouit beaucoup d'autres. Car il ne goûte pas le paradoxe dans le seul but de prononcer un réquisitoire très sévère, ou très indulgent, mais pour convaincre les jurés qu'il a raison et pour leur demander, à l'issue de débats, ce qu'il considère comme la juste peine. « J'ai, justifie-t-il, la passion de comprendre les accusés, mais il faut me donner acte que je m'emploie la plupart du temps à les faire condamner. » C'est dire, aussi, que pour lui, le doute existe.

Son approche scrupuleuse de l'équité – aux antipodes de la caricature de l'avocat général impitoyable trois cent soixante-cinq jours par an – s'applique également à lui-même : il n'est pas dupe de son propre personnage, ne dissimule pas ses agacements, au risque, parfois, de se laisser emporter dans des diatribes excessives, contre la presse et certains écrivains, notamment. Mais sa vision n'en demeure pas moins pertinente, car elle est celle d'un homme qui connaît mieux que la plupart de ses contempteurs la différence entre le contentement de soi et l'exigence appliquée à tout comme à tous.

Philippe Bilger troque donc, dans ces pages, sa robe rouge et son hermine pour la tenue noire de l'avocat d'une justice rendue par des magistrats en fonction de leur compétence et de leur souci d'efficacité, au service des citoyens. Sa capacité d'indignation est restée intacte après trente années de carrière. Mais attention : il s'agit ici d'indignation constructive, pas de démolition systématique. Il se garde bien de livrer une interprétation geignarde, anecdotique et donc stérile de la chose judiciaire. À contre-courant de la mode actuelle, il n'a pas souhaité s'adonner à l'exercice facile et vain qui consiste à « cracher dans la soupe ».

Le lecteur aurait tort de chercher dans ces pages rancœurs, aigreurs ou vanités exacerbées. Certes, le caractère entier de l'avocat général le conduit fréquemment à tenir des propos virulents. Mais ceux-ci ne traduisent en définitive qu'une exaspération devant des petitesses de la vie judiciaire de tous les jours, en aucun cas l'expression de règlements de comptes. Parce que lui, il est heureux de son sort. Parce qu'il refuse de considérer la justice seulement comme une « corporation », au sens étriqué du terme, avec ce que cela comporte de défauts consubtantiels. Parce qu'il n'a pas de comptes à régler, tout simplement. Pour le plus grand bonheur du journaliste, le magistrat privilégie l'enthousiasme fructueux à l'immobilisme pessimiste.

Les points de vue exprimés dans ce livre portent sur des affaires criminelles précises ou sur la justice en général ; ils ne concernent que des faits ou des événements publics, au premier rang desquels des procès d'assises souvent largement médiatisés, mais analysés de l'intérieur, avec par conséquent l'acuité irremplaçable de l'avocat général. On ne trouvera pas dans ces pages de ragots d'arrière-cour, d'invérifiables indiscrétions de couloir, ou de relents de cuisine judiciaire. Nous n'avons, sur cette absence, pas d'excuses à présenter. Car, selon nous, la vraie, la belle, la grande justice commence par la volonté des magistrats de ne pas tirer vers le bas ceux à qui ils veulent communiquer leur idéal. Et par le devoir des journalistes de les écouter sans perdre libre arbitre et sens critique, mais sans essayer pour autant ni de leur faire la leçon – même quand ils se font étriller – ni de leur soutirer quelques persiflages pour corser le récit.

La grande justice, enfin, c'est celle qui se penche sur les turpitudes de la société, avec l'impératif de la juste peine, née de la compréhension du crime et de celui qui l'a commis. « On a mal observé la vie si l'on n'a pas vu aussi la main qui, avec mille ménagements, assassine », écrivait Nietzsche. La justice que prône Philippe Bilger est rendue après avoir longuement observé ceux qu'elle doit juger, mais aussi après que les juges se sont lucidement regardés eux-mêmes. Il est flagrant que le stade du miroir, pour l'heure, est négligé par beaucoup. Mais nous ne désespérons pas de voir un jour proche cette épreuve acceptée. Nous tentons de montrer, dans ce livre, le bienfait qui peut en découler, pour peu qu'on ne se regarde pas pour se trouver beau, mais pour devenir meilleur.

S. D.-S.

1

Le procès de Christian Didier

ou l'illuminé propulsé dans l'Histoire

(6-13 novembre 1995)

Un petit bonhomme entré par effraction dans le cours de l'Histoire. Christian Didier voulait être écrivain, mais il assassina René Bousquet, ancien secrétaire général de la police de Vichy, le 8 juin 1993. Il a cinquante et un ans quand il se présente devant les assises.

Le parcours de Didier campe assez bien le personnage : une succession de voyages à travers le monde et de petits boulots sans suite, une série d'intrusions sur des plateaux de télévision puis dans la prison lyonnaise où était détenu Klaus Barbie – « Je voulais lui tirer dans les jambes et lui dire : "T'as le bonjour de Jean Moulin" » –, ou encore dans les jardins de l'Élysée parce que François Mitterrand n'avait pas répondu à ses courriers...

Et puis l'assassinat d'un ancien collaborateur de premier plan, René Bousquet, que la justice tardait – François Mitterrand lui-même fournira plus tard une explication à ces atermoiements – à juger pour son rôle dans la déportation des juifs de France. Immédiatement après ce crime commis avec une facilité déconcertante, une conférence de presse montée à la hâte et interrompue sans ménagement par les policiers achève de donner un tour singulier au dossier. L'opportunité de juger René Bousquet, si longtemps après les faits, divisait la France.

Et voilà que le sort de l'homme accusé d'avoir contribué à la déportation de milliers de juifs était confisqué aux politiques, aux magistrats et à l'opinion publique, par un illuminé fasciné par les médias, un poète qui n'avait signé qu'un recueil non publié, *La Ballade d'Early Bird.* Recevant des journalistes dans un hôtel de banlieue quelques heures après son geste, avant l'arrivée des forces de l'ordre, il revendique le crime et clame : « C'est moi qui ai tué cette ordure. » Ou encore : « Éliminer un monstre est honorable, c'est la victoire du Bien sur le Mal, d'Éros sur Thanatos. » Puis, il raconte : « Je suis arrivé vers 9 h 30 avenue Raphaël. J'ai sonné à l'interphone. J'ai dit à Bousquet que j'étais un fonctionnaire du ministre de l'Intérieur et que je devais lui remettre une citation à comparaître pour un procès. Je suis monté au sixième. Il m'a ouvert la porte. J'ai reconnu son visage que j'avais vu sur des photos et à la télé (...). Il y avait un gros berger allemand et j'ai eu peur qu'il me saute dessus. Mais il s'est enfui quand j'ai tiré la première balle [1]. » La suite se perd dans un délire mystico-humaniste.

Christian Didier a participé à son procès avec toute la bonne volonté dont il était capable, mais, pourtant, il donnait l'impression d'être ailleurs. « Personne, dans ce prétoire, ne peut raisonnablement se lever et dire que cet homme est de bon sens », écrivait, dans *Libération* [2], Sorj Chalandon, un chroniqueur judiciaire qui m'a beaucoup impressionné à l'époque. Le journaliste ajoutait : « La cour d'assises de Paris juge deux hommes. Un assassin et un malheureux. » De son côté, Pierre Bois, alors chroniqueur judiciaire du *Figaro,* parlait d'« une défense (...) à la fois simpliste et habile. Christian Didier refuse qu'on le considère comme un fou, mais accepte d'avoir commis une folie [3] ». Quoi qu'il en soit, il avait conscience d'avoir perpétré un acte répréhensible puisque, juste avant que

1. *Le Monde*, 10 juin 1993.
2. *Libération*, 10 novembre 1995.
3. *Le Figaro,* 11 novembre 1995.

le jury ne se retire pour délibérer, il déclara : « Je suis effondré, vacciné à tout jamais contre toute forme ultérieure de crime. Je demande pardon à Dieu, aux juifs pour le procès que j'ai empêché [celui de René Bousquet], à la famille Bousquet, car nul n'est responsable de sa filiation. »

L'avocat général que je suis s'est efforcé de garder les pieds sur terre et de rappeler que l'accusé, ici, c'était Didier et non Vichy. Je subodorais que la défense, représentée par maîtres Thierry Lévy et Arnaud Montebourg, plaiderait en substance, quand son tour viendrait : si vous condamnez Didier, vous acquittez Bousquet. À l'heure du réquisitoire, j'ai dit notamment : « Quoi de plus contestable que de dénier à un être son ambiguïté ? Dès que Vichy est entré dans le prétoire, Didier en est sorti. Et chaque fois que Vichy en est sorti, Didier y est revenu. » Au moment de demander la peine, j'ai ajouté : « Ce crime est un crime passionnel, inspiré par la passion de soi (...). Didier porte en lui une maladie. Il faut vous interroger sur ce qu'il fera quand il sera libre. » Estimant que la responsabilité de l'accusé était largement atténuée, j'ai réclamé de dix à douze ans de réclusion. Les jurés ont opté pour la fourchette basse. Ils n'ont pas suivi maîtres Lévy et Montebourg, qui avaient plaidé comme je l'avais pressenti.

Ces mots vont peut-être choquer dans la bouche d'un avocat général, mais j'ai éprouvé pour Christian Didier une réelle sympathie. J'ai d'emblée senti qu'en dépit de l'assassinat qui lui était reproché, je chercherais à proposer une sanction équilibrée, voire indulgente.

Pourquoi une telle mansuétude pour un assassin ? À cause de trois traits de caractère, qui induisaient la très grande particularité de ses motivations. Premièrement, le dégoût réel des actes commis ou facilités, sous l'Occupation, par sa victime. Deuxièmement, une volonté naïve mais sincère d'être un justicier au service de la démocratie. Troisièmement, la croyance qu'on avait absolument besoin de son concours pour que justice soit faite. Le tout allié à une psychologie singulière qui n'était pas loin de renvoyer à une sorte d'état limite. L'audience a très vite démontré qu'on ne se trouvait pas en face d'un criminel politique puisque, dès sa première intervention, Didier a déclaré qu'il regrettait la mort de René Bousquet. Il l'a confirmé par la suite en répondant à mes questions.

À mon avis, ce type de personnalité offre à l'accusation des « angles d'attaque » commodes pour préparer le réquisitoire. En tout cas, pas si l'on pense à un éventuel recours à la moquerie ou à la dérision. Ce sont là les pires blessures que l'on puisse infliger à un accusé. Elles relèvent à mon sens d'une méchanceté gratuite, d'une cruauté inutile. Lorsque quelqu'un se trouve déjà dans un univers de contrainte et de force, naturellement désarmé, même avec un avocat auprès de lui, il est inutile d'en rajouter.

D'autant que sa défense se trouvait écartelée entre la volonté de maintenir le procès dans le registre politique et la certitude résignée que cela n'était pas un procès politique. Les débats se sont cependant montrés passionnants, présidés par un magistrat remarquable, Yves Jacob, avec l'audition de nombreux témoins dont un ancien ministre de la Justice, par ailleurs grand avocat – Georges Kiejman, brillant et convaincant –, entendu pour évoquer l'enlisement de la procédure visant René Bousquet quant à son rôle sous l'Occupation. La cour a perçu que Christian Didier avait assassiné René Bousquet au motif que son procès n'aurait jamais lieu, alors que les débats laissaient à présent apparaître le contraire. L'accusé lui-même l'a bien compris, comme en témoigne son ultime déclaration, avant que le jury ne se retire pour délibérer.

L'articulation de mon réquisitoire m'est rapidement apparue face à cet accusé qui avait fait preuve tout à la fois d'une grande maîtrise dans l'exécution de son crime et d'une extrême confusion dans son inspiration. Avant d'assassiner René Bousquet, Christian Didier avait commis un certain nombre d'actes qui trahissaient la perturbation de sa personnalité, sa passion du médiatique et les bons sentiments qui étaient les siens. Sincèrement humaniste, il était également très instable, et la cour d'assises devait tenir compte de cette alliance. J'irai plus loin : si je n'avais pas été avocat général, en charge de l'intérêt social avec les contraintes et les limites qu'impose un tel métier, j'aurais presque pu souhaiter une peine encore moins lourde à l'encontre de Christian Didier. Mais là, professionnellement, j'estimais avoir atteint le bout de l'indulgence que je pouvais me permettre.

Après mon intervention, maître Thierry Lévy, dans une plaidoirie superbe, mais qui refusait la vérité de l'audience, est resté sur un créneau purement politique, disant en substance : Si vous condamnez Christian Didier, vous acquittez Vichy, et comme il faut condamner Vichy, il faut acquitter Didier. Maître Arnaud Montebourg, lui, a tenté une synthèse entre sa vision *a priori* du dossier et la leçon des débats. Il s'est davantage battu sur la peine, proposant finalement un discours plus classique que celui de maître Lévy.

J'aurais, en réalité, beaucoup aimé défendre Christian Didier si j'avais été avocat. Son cas illustrait particulièrement bien la difficulté de l'exercice : la plaidoirie, fondamentalement, est destinée à servir un client, et non pas à tenter d'offrir au jury une conviction esthétiquement forte mais sans incidence sur le destin judiciaire de l'accusé. Le réquisitoire, même le plus honnête, assumant le mieux possible la totalité du réel, ne pourra jamais atteindre, dans sa démarche intellectuelle, la belle irresponsabilité de la plaidoirie. Le crime constitué, un avocat peut n'en pas tenir compte, au nom de principes supérieurs, et réclamer du jury l'acquittement. L'avocat général, aussi loin qu'il soit tenté d'aller, est soumis à une éthique de la responsabilité. Un crime ne peut exister sans son châtiment.

J'aimerais, pour terminer ce chapitre, raconter une anecdote. Une fois le verdict rendu, je me suis retrouvé sur le trottoir, devant le palais de justice, et j'ai discuté une bonne heure avec la famille et les amis de Christian Didier. En particulier sa mère, une femme courageuse et estimable. Nous avons eu un échange très franc, très direct. J'ai tenté d'expliquer les mécanismes de la justice criminelle et le fait que, à mon sens, Christian Didier avait pu bénéficier, au regard de ce qui lui était reproché, d'une sanction indulgente dont je me félicitais.

2

« Cette opposition qui s'appelle la vie »

Sur ma carte de visite, il est écrit : « Philippe Bilger, avocat général près la cour d'appel de Paris » : dans sa solennité, ce titre évoque sans doute pour le grand public un parcours classique, rectiligne, dans la hiérarchie judiciaire. Or, le mien est sinon sinueux, du moins atypique.

J'ai initialement suivi des études de lettres classiques, domaine pour lequel je nourrissais une véritable passion. J'avais formé le projet de présenter l'École normale supérieure, mais j'ai échoué à mon unique tentative. Je me suis donc rabattu sur une licence de lettres classiques, avec la perspective d'enseigner. J'ai obtenu le diplôme en 1968 : j'espère qu'il ne s'est pas trop dévalorisé ! Tout bien réfléchi, je n'étais pas sûr de faire un bon professeur : ce métier relève davantage de la communication intelligente que de l'élaboration de convictions. Or, il se trouve que j'éprouve une grande paresse intellectuelle à l'idée de diffuser une information sur laquelle je n'ai pas travaillé moi-même. Cette exigence intellectuelle s'est accordée à la certitude que, si je gardais intacte la passion de l'écriture, il me fallait exercer un métier qui assurât l'intendance quotidienne.

Je n'irai pas jusqu'à dire que je suis entré dans la magistrature pour des raisons alimentaires. Par tempérament, je ne suis pas très éloigné d'une vision manichéenne ou, mieux, d'une conception « westernienne » de l'existence. Dans le même temps, je rêvais d'un métier porteur d'une part d'ambiguïté. Je m'explique : il me plaisait d'imaginer que, à l'intérieur d'une structure rigide, je pourrais introduire le désordre de la vie, des émotions et, plus généralement, tout ce qui serait de nature à satisfaire ma vision assez tragique de l'existence. Les métiers judiciaires me sont apparus en adéquation avec cette approche, d'autant que j'avais déjà un goût marqué pour l'oralité. J'ajoute, en guise de boutade, que ma mère avait senti chez l'enfant que j'étais une passion pour la justice. Elle m'a raconté que, petit, je défendais systématiquement ceux sur lesquels d'autres s'acharnaient, même si je ne les aimais pas personnellement...

Ce trait de caractère me prédestinait peut-être davantage à une carrière dans le barreau. J'ai pensé, c'est vrai, à devenir avocat, ce qui m'aurait sans doute offert une plus grande liberté, avec la possibilité de créer mon destin professionnel, pour le pire et le meilleur. Mais j'ai craint que si ma nature n'avait pas disposé d'une colonne vertébrale solide, elle aurait risqué de s'abandonner à une trop grande facilité. Je croyais pouvoir satisfaire dans la magistrature à la fois l'exigence de la rigueur et un très grand désir de liberté. À mes yeux, la liberté n'a de sens que si elle s'épanouit dans un univers qui lui ôte ce qu'elle peut porter d'extrême, d'anarchiste, d'inutilement subversif. Souplesse et rigidité, dans le même mouvement.

Lorsque je m'abandonne à l'introspection, il m'arrive même de me demander si je n'aurais pas embrassé une carrière de magistrat pour lutter contre une face noire de ma personnalité, dont j'aurais redouté l'émergence. Pis, si j'aurais pu, comme on dit, « mal tourner ». Je tente de me rassurer moi-même : au sens judiciaire, sans doute pas... Mais j'aurais pu mal tourner en m'abandonnant à des penchants discutables, voire médiocres : facilité, complaisance, singularité outrancière, romantisme crépusculaire. La magistrature représentait comme une tutelle que je plaçais sur moi pour contrebalancer une conception très obscure, trop sensible de l'existence.

J'avais le désir de retrouver dans mon métier l'intensité et le goût de l'extrême alliés à la culture générale acquise en visant la rue d'Ulm. Ancré à ma propre soif d'intensité, il y avait également le besoin de comprendre, sans complaisance aucune, les violences, les extrémités, les excès d'autrui. Un respect absolu pour les victimes n'interdit pas, bien au contraire, de chercher à comprendre les coupables. En toute immodestie, j'ai toujours trouvé que la phrase si souvent citée de Malraux était fausse : Quand on comprend, on peut encore mieux juger.

La magistrature l'emporte donc sur le barreau. J'ai suivi la voie qui semblait la plus appropriée à ma nature. Mon goût de la liberté, qui devrait logiquement aller de pair avec une méfiance instinctive de la hiérarchie, l'intérêt que je portais aux ressorts intimes et aux transgressions m'orientaient *a priori* tout naturellement vers une carrière de juge d'instruction. Et j'ai, en effet, commencé ma carrière à l'instruction. Après mes études au CNEJ (Centre national d'études judiciaires, l'ancêtre de l'actuelle École nationale de la magistrature), je me suis retrouvé en stage à Strasbourg, où j'ai pu expérimenter les différents types de poste. Soit dit en passant, je n'avais pas été ébloui par une scolarité essentiellement focalisée sur la culture humaniste, qui ne s'apprend pas, au détriment des compétences techniques qu'on ne possède pas naturellement. Quoi qu'il en soit, confronté au milieu pour moi nouveau de la justice, qui impose une manière de conformisme – sans connotation péjorative –, j'ai éprouvé le sentiment curieux, qui dure, d'être à la fois présent et absent, intégré et étranger, apprécié et détesté, familier et distant. Au bout de deux ans de stage à Strasbourg, j'ai passé le concours de sortie du CNEJ et fait mon choix : en 1972, me voici juge d'instruction à Lille.

L'univers était alors très différent de ce qu'il est devenu aujourd'hui. Je dois reconnaître que les valeurs et les principes auxquels j'adhérais ne s'intégraient pas sans heurts dans la pratique judiciaire de l'époque. Pourtant, j'étais résolu à faire mes preuves le mieux possible. Mais, très vite, dans certaines affaires que je devais instruire, je me suis retrouvé en opposition frontale avec le parquet. Je pense, notamment, à des dossiers de proxénétisme et de protections policières qui m'avaient conduit à mettre en cause des notables. Il m'est arrivé de supporter la présence permanente, dans mon cabinet, du procureur ou de l'un de ses substituts. Bien évidemment, ils ne venaient pas me manifester leur soutien, mais exercer un contrôle qui s'apparentait fortement à du caporalisme. En me remémorant cette époque, je pense aux vieux films d'Yves Boisset...

Au bout d'un an, le procureur de Lille ne me saluait plus, ce qui ne me plaçait pas dans une position confortable, tant la proximité de l'instruction et du parquet était alors forte et souhaitée. Et puis l'opposition systématique crée chez moi, par réaction, un certain jusqu'au-boutisme. J'ai pu aller jusqu'à tenter de briser mes entraves en utilisant les médias. Mais j'ai payé le prix de mon attitude : j'ai été dessaisi d'un dossier important. Et je crois pouvoir dire que j'étais alors, avec le juge Pascal, le plus mal noté de France par sa hiérarchie.

Passé le sentiment de révolte, je me suis demandé si, après tout, les reproches qu'on me faisait n'étaient pas fondés et si je n'étais pas, en réalité, un juge d'instruction médiocre qui s'obstinait à traduire en actes judiciaires des convictions parfois déplacées dans un tel contexte professionnel. Je pense, plutôt, que je cherchais, en conscience mais – je le concède – non sans excès, à faire de la détention provisoire une exception. J'avais la volonté de concilier le singulier judiciaire et le pluriel socio-économique du moment. J'évitais, comme on dit, de mettre en prison des « victimes de la société » et de la misère. Parfois imprudent d'un point de vue technique, j'ai été plusieurs fois désavoué par la chambre d'accusation, ce qui n'a rien d'anormal. Ce qui l'est davantage, en revanche, c'est de tenter d'exploiter ces informations judiciaires à des fins disciplinaires. Ma hiérarchie l'a pourtant fait, comme j'ai pu le constater en consultant, bien des années plus tard, mon dossier à la Chancellerie. C'est le procureur général Pierre Truche qui a eu l'infinie élégance de le vider de la part judiciaire qui n'aurait pas dû s'y trouver.

Je ne dirais pas que j'étais un de ces « petits juges » gauchistes qui commençaient à faire parler d'eux et inquiétaient le pouvoir politique. Je me suis toujours senti un tempérament de droite, quoique je n'aie jamais trouvé la droite qui corresponde à ma nature. Ainsi, quand, à la fin des années 70, le garde des Sceaux, Alain Peyrefitte, a présenté sa fameuse loi « Sécurité et liberté », je n'ai pas été scandalisé par son contenu qui, déjà, tendait à renforcer les pouvoirs de la police, à réduire les ouvertures d'information judiciaire et à favoriser les procédures rapides. En particulier, une disposition permettait de juger « en saisine directe » (le nouveau nom des flagrants délits) des affaires même anciennes mais incontestables.

Comme il fallait s'y attendre dans un climat politique – cela n'a guère changé – où les adhésions sont moins déterminées par le fond des textes que par l'idéologie, selon le camp qui le vitupère ou l'exalte, l'opposition de gauche a hurlé à la mort des libertés et à l'État fasciste. C'était absurde, mais, en plus, la manière dont cette loi avait été élaborée, dans le plus grand secret, à l'insu de la magistrature par un garde des Sceaux qui n'éprouvait guère d'estime pour celle-ci, n'a pas été pour rien dans l'immense fronde née à cette occasion. Il était paradoxal de se méfier des magistrats et, à la fois, de leur demander une adhésion enthousiaste. La forme, donc, me déplaisait. Aussi ai-je signé, dans *Libération*, une tribune assez virulente dans laquelle j'écrivais quelque chose comme « la France a besoin d'un ministre de la Justice, pas de la justice d'un ministre ». Je me demande, en réalité, si je ne suis pas voué à me situer dans l'opposition quelle qu'elle soit pour éviter l'existant qui risque de vite oppresser et, peut-être, d'opprimer...

Je n'ai pas eu la formation d'un homme de gauche. En tout cas, je n'ai jamais vu de contradiction entre un tempérament de droite et une pratique judiciaire sinon progressiste (ce label n'a plus de sens), du moins équilibrée. C'est pourquoi, dans les années 1970, compte tenu de mes relations conflictuelles avec le parquet de Lille, mon adhésion au jeune Syndicat de la magistrature (SM) me paraissait une évidence. Je retrouvais, dans ce groupe, l'exigence intellectuelle très forte de gens qui prenaient la justice au sérieux. Pourtant, je m'en suis dissocié dès que j'ai eu le sentiment que le SM était lui-même l'instrument d'une préoccupation partisane de gauche, voire d'extrême gauche. Il me semblait, alors, plus se servir de la justice que la servir. De la sorte, très vite, trop vite, il a désespéré beaucoup de bonnes volontés. Mais, au risque de jouer les barbons, quelle tenue il avait par rapport à celui d'aujourd'hui !

Un journaliste, récemment, m'a reproché d'avoir fait preuve d'une naïveté confondante en adhérant au Syndicat de la magistrature sans soupçonner cet arrière-plan politicien qui, pourtant, sautait aux yeux. Peut-être... Mais je répète qu'au regard de ma situation personnelle je n'avais guère le choix. Trop concentré sur les problèmes d'intendance, l'autre syndicat – on parlait en ce temps-là d'« association » – qui existait à l'époque, l'UFM (devenue USM), ne réfléchissait pas assez sur l'institution judiciaire. Et puis, à Lille et au SM, j'ai croisé des personnalités remarquables – Dominique Charvet, Hubert Dujardin, François Colcombet, Jean-Pierre Michel, Pierre Lyon-Caen, notamment – avec lesquelles j'avais des affinités intellectuelles, non politiques. Cela ne m'a pas empêché de quitter le SM avec fracas pour fonder « Justice nouvelle ». J'en reviens à cette contradiction qui me poursuit : je crée à Lille ma propre structure syndicale, je recueille une trentaine d'adhésions et je me sens plus éloigné de ces militants que de ceux du SM que je venais de quitter...

Il fallait bien que je me demande si j'étais effectivement de droite, comme j'en avais la conviction, bien que mon parcours ne le traduise pas toujours de manière évidente. Je sens un mélange de volonté d'entreprendre, de conception très personnelle de la vie, de passion esthétique de l'existence, que je rattache plutôt à une philosophie de droite. C'est peut-être l'héritage de mon éducation catholique, mais dans les moments de solitude, de méditation, je me dis : Je ne peux pas être réduit à cette enveloppe-là. J'aime l'idée d'un lien entre soi et autre chose, entre son propre fini et un infini. J'ai peur, certainement plus que d'autres, d'être entraîné vers le bas, là où l'on se retrouve face à sa nuit sans possibilité de recours.

En même temps, mon goût pour le concept, l'abstraction et une absence totale de cynisme semblent me rapprocher davantage de l'univers de la gauche. Je déteste l'idée d'une morale bienséante qui risquerait de brider la liberté de pensée, et le lieu commun qui voudrait que certains domaines de l'universel – dont la Justice – soient inaccessibles aux gens de droite, parce que la gauche se les est accaparés comme s'ils lui appartenaient de toute éternité. Je n'ignore pas, cependant, qu'une certaine droite classique a permis qu'on lui fasse ce procès. Peut-être pourrait-on déceler, dans mes propos, une complaisance pour le centrisme, au sens littéral. Mais cette notion n'a, hélas, jamais trouvé d'expression politique affirmée. J'ai, pourtant, toujours cru à une validité du juste milieu, qui n'est pas incompatible avec une vision extrême : on peut se battre avec une passion redoutable pour la mesure en politique. Si le juste milieu m'attire, c'est parce qu'il est juste, pas parce qu'il est le milieu. J'imagine, en définitive, que je ne me sentirais tout à fait à l'aise que dans un mouvement dont je serais le créateur et l'unique adhérent, comme un certain nombre d'esprits rétifs au grégarisme.

Cette tournure d'esprit m'expose, naturellement, aux déconvenues. J'en ai trouvé sur ma route, c'est vrai, mais je ne le vivais pas de manière gémissante. Je me suis toujours battu, bien que mon combat ne fût pas des plus évident : je voulais à la fois la richesse de la révolte au service de la justice, et les bienfaits de l'intégration. J'ai d'ailleurs scrupule à utiliser le terme de combat, car cela n'avait rien à voir avec le Vietnam ni avec les vraies batailles où l'on risque sa peau ! J'ai toujours détesté le faux courage du guerrier en chambre. À mon niveau, donc, je contestais systématiquement par écrit les notes déplorables que ma hiérarchie continuait à m'attribuer. Curieusement, j'ai toujours pensé, ce faisant, que la notation était un pur simulacre, ironique ou scandaleux – au choix. Ce n'est pas là-dessus que se constituaient les véritables carrières, mais sur un système parallèle de réseaux, de solidarités diverses. Cela n'a pas changé. J'étais plus effrayé – et en même temps ravi – à l'idée de n'appartenir à aucun réseau qu'à la lecture des mauvaises appréciations me concernant. En revanche, j'étais blessé de pressentir que plus que le magistrat, c'était l'être humain, avec son imprévisibilité et son refus de la révérence obligée, qui était sanctionné. Il y avait là un obstacle beaucoup plus fondamental. Car si on me reconnaissait une part de compétence, finalement, ce qui ressortait de mon dossier pourrait se traduire en quelques mots : « Bon juge, mais caractère difficile. »

Je n'essaierai pas de faire croire que j'ai un caractère facile. Je considère, en effet, que rien ne va de soi, que rien n'est acquis. Je n'aime pas cette espèce de conformisme qui veut qu'on ne donne pas toujours le maximum de soi-même, et qu'on s'accommode, autour de soi, d'une médiocrité qu'on pourrait combattre si la lâcheté ne lui trouvait pas toujours d'« excellentes » justifications. Mais on avait un peu trop vite qualifié de caractériel un tempérament qui ne voulait pas révérer toutes les règles tacites de la vie judiciaire. Je crois qu'en effet exister, c'est insister, c'est résister. J'ai la conviction d'avoir été la cible de rejets parce que je me tenais ostensiblement à l'écart du troupeau. Ou, plus précisément, parce que je n'affichais pas une solidarité mécanique, de principe. J'ai toujours préféré examiner en détail plutôt que de pactiser en gros. D'où un parcours jalonné de contretemps, alors que j'avais l'impression de disposer d'un potentiel réel, mais sous une forme insuffisamment malléable, pas assez aseptisée.

La perspective de faire une carrière honorable dans la magistrature ne me rebutait pas, même si les déconvenues multiples que je rencontrais en tant que juge d'instruction – et qui dépassaient les aléas normaux d'une vie professionnelle – m'ont fait de nouveau songer à rejoindre le barreau. J'ai, en effet, toujours voulu échapper à l'« ambition vulgaire » qui pousse certains à ne briguer des fauteuils que pour le bonheur d'avancer. Pour moi, la « belle ambition » doit se greffer sur une volonté d'action ainsi que sur la reconnaissance de mérites indiscutables. Quand j'avais l'ambition de la jeunesse – et l'ambition dans la jeunesse –, j'étais perçu comme singulier et provocateur. Je ne me voyais pas moi-même mettre mes pas dans une carrière classique. Confronté à l'hostilité de mon environnement professionnel lillois, j'ai réorienté mon cheminement, mais pas vers le barreau : un hasard heureux a voulu que le procureur de Bobigny, Yves Rivière, me propose de rejoindre ses services, ce que j'ai accepté en 1975.

On s'étonnera probablement de cette bifurcation professionnelle : juge d'instruction – et à ce titre jouissant d'une relative liberté –, ma hiérarchie me mettait des bâtons dans les roues et, à mon sens, me sous-exploitait. Or, je rejoins le parquet, où je sais que je vais me retrouver soumis à une autorité visible, officielle, sans ambiguïté... La contradiction est ancrée en moi, mais Balzac ne parlait-il pas de « l'opposition qui s'appelle la vie » ? C'est vrai, le parquet me tentait, qui alliait cette structure solide dont j'avais besoin au métier de la parole. Cette fois, je n'ai pas été déçu. Mon expérience, à Bobigny, a été passionnante. Enfin, mon supérieur me regardait travailler avant de me juger. J'ai commencé à remonter la pente de la notation. Quand Yves Rivière a quitté son poste, il a été remplacé par un procureur à poigne, Pierre Bézio, avec lequel je me suis bien entendu et qui m'a affecté à la « section criminelle et des flagrants délits » où j'ai exercé en 1979-1980.

Puis, le procureur Bézio m'a déplacé dans un service créé pour moi et où j'opérais seul. J'avais pour mission de régler tous les dossiers d'instruction dans lesquels des inculpés étaient détenus. Un travail considérable : jusqu'à huit cents dossiers par an. Une nécessité d'aller vite, d'être efficace. Et puis j'ai commencé à requérir à la cour d'assises de Bobigny. J'ai connu, en particulier, une affaire criminelle très sordide, où un groupe d'hommes avait égorgé une malheureuse victime. Sur mes réquisitions, l'accusé principal a été condamné à la réclusion criminelle à perpétuité, alors que la peine de mort existait encore à l'époque. Mais je ne l'ai jamais proposée, et je me félicite de son abolition, même si je refuse de traiter avec mépris ou la condescendance de l'« humanitaire correct » certains de ceux qui étaient partisans de son maintien, pour des raisons qui n'étaient pas sanguinaires mais d'utilité et d'efficacité sociales. Ils avaient tort, à mon sens, mais je déteste qu'on disqualifie les personnes au lieu de condamner les idées, les instincts.

Toujours est-il que je n'ai pas connu de débats criminels à l'issue desquels la peine de mort aurait pu, sans absurdité, être requise. Quoique intégrée au Code pénal de l'époque, elle ne relevait pas, à mon sens, d'un dispositif technique comme les autres sanctions, mais n'était pas loin de susciter une interrogation métaphysique. Le magistrat, dans l'accomplissement de sa fonction, en requérant la mort, par l'irréversible qu'il souhaitait – faire trancher net une tête et un souffle – entrait dans une sphère à laquelle la finitude humaine aurait dû lui interdire d'accéder. Non plus magistrat mais justicier définitif, dispensateur de la vie ou de la mort. C'est trop, pour l'homme, même pour l'homme en rouge !

La peine capitale nous fait d'autant plus nous affronter à des mystères qui ne nous concernent pas que cette sanction absolue aurait appelé une justice absolue, alors que nous connaissons son imperfection, précisément à cause de l'humanité qui la gouverne. Je veux bien admettre que des crimes sortent certains êtres, le temps de l'odieux, de l'humanité ordinaire, mais, après, quand on les juge, qui peut oublier, même si elle est sale et dévoyée, cette humanité dans le box ? Mon seul problème, dans certaines affaires où la peine de mort aurait été souhaitée, espérée, perçue comme une évidence, se serait situé sur un plan déontologique. Aurais-je indiqué à la hiérarchie que je souhaitais être remplacé, ou aurais-je tenu mon poste en requérant selon mes principes ? J'aurais probablement choisi la seconde branche de l'alternative.

Aux assises de la Seine-Saint-Denis, j'ai également soutenu l'accusation dans ma première affaire médiatique. L'accusé, un dénommé Ferry, était poursuivi pour des faits abominables : une tentative de castration sur une femme, par injection de soude caustique, et une complicité de viol. Plusieurs associations féministes s'étaient constituées parties civiles. L'accusé encourait la réclusion criminelle à perpétuité, mais je n'ai requis que vingt ans. Pour moi, en cette fin des années 70, Ferry était l'incarnation paroxystique du pouvoir viril et j'ai dit à la cour, notamment : « Tous les hommes devraient payer pour Ferry. » Des extraits de mon réquisitoire ont été repris dans *Le Monde*. Peu après, j'ai été présenté à la « liste d'aptitude », premier échelon à franchir à l'issue de sept années de magistrature. Avis négatif : le rapporteur avait exploité, à mon détriment, l'article du *Monde*. Il m'a fallu attendre encore quelques mois pour être admis. De même, en 1980, je devais être nommé à Paris, mais mon article dans *Libération* sur Alain Peyrefitte a manifestement contribué à bloquer cette mutation, qui n'a eu lieu qu'en 1982.

À Paris, dix ans après mes débuts mouvementés de juge d'instruction à Lille, j'occupe d'abord un poste de substitut à la 5e section du parquet, celle des escroqueries et abus de confiance (la « petite section financière »). Cela me plaît bien, mais je dois composer avec un chef qui appartient à la droite de la droite judiciaire et qui, rapidement, me prend dans le collimateur. Je m'obstine à faire comprendre que je suis avant tout magistrat, mais n'importe quelle approche, tant soit peu progressiste, de la justice suffisait à attirer ses foudres. Ce M. Parlange, car tel était son nom, me cherchait régulièrement des noises. Il adorait convoquer ses collaborateurs dans son bureau, où il les recevait assis, et corriger devant eux, restés debout, les règlements ou rapports qu'ils avaient préparés. C'est ce qu'il a fait un beau jour avec moi, sur un dossier « signalé ». Au bout d'un quart d'heure, je lui ai dit que je n'étais pas son élève et j'ai claqué la porte de son bureau. À partir de là, il ne m'a pas aimé davantage, mais il m'a fichu la paix. Huit mois plus tard, je m'éloignerais de la férule de M. Parlange pour rejoindre le cabinet du secrétaire d'État aux Rapatriés en tant que conseiller technique.

Moi, qui me sens de droite, me voici collaborateur d'un ministre socialiste, Raymond Courrière... On m'avait proposé cette expérience qui, sur le principe, m'intéressait. Je n'en garde pas un souvenir ébloui, même si le directeur de cabinet, Maurice Benassayag, était un homme remarquablement intelligent. Je ne me sentais guère à l'aise, car je n'arrivais pas à faire – comme il l'aurait sans doute fallu – de la démagogie absolue à l'égard des rapatriés à qui on servait « la soupe » de manière abusive. Je ferai une seconde tentative en cabinet, de 1992 à 1995, auprès du président du Sénat, René Monory, en charge des domaines « justice » et « culture ». J'ai, de nouveau, été très déçu. Cette fois, les membres du cabinet étaient nettement supérieurs à son directeur, et René Monory, personnalité par ailleurs hautement estimable, ne se préoccupait guère des secteurs qui m'avaient été confiés. Le cadre somptuaire et les relations chaleureuses nouées avec certains sénateurs ne suffisaient pas pour combler une énergie si peu exploitée. J'ai suivi, depuis le palais du Luxembourg, l'action de Pierre Méhaignerie à la Chancellerie, qui m'intéressait d'autant plus que j'avais conseillé le CDS en matière de justice. J'ai constaté, avec regret, que le garde des Sceaux, qui avait fait de ses ignorances une politique, n'avait pas suivi une démarche centriste, mais conservatrice. Au cours de cette période, j'ai pu rencontrer et apprécier Yves Bot qui est, depuis novembre 2002, procureur de la République de Paris.

Là s'est arrêtée ma « carrière » non judiciaire. J'ai toujours regretté, en politique comme en justice, que le centrisme se soit laissé absorber par la droite classique : comment alors ne pas l'accuser d'être mou, sans autonomie, sans identité ? Je n'ai pas su profiter, contrairement à tant d'autres que des postes « politiques » propulsent de manière fulgurante et parfois surprenante, de ces parenthèses en marge du parquet, puisque quand, en juillet 1983, je quitte le secrétariat d'État aux Rapatriés et retourne au Palais de Justice, je ne demande pas d'avancement. Je reviens donc en tant que simple substitut. En 1984, le nouveau procureur me propose de rejoindre la prestigieuse 4e section, chargée de la presse et des libertés publiques. Je ne connais pas bien ce droit particulier, mais le domaine est passionnant : il y a beaucoup de dossiers « signalés », qui remontent jusqu'au procureur général, voire à la Chancellerie, des affaires à fort retentissement politique et médiatique. Je me rends vite compte que le droit de la presse s'apparente à du byzantinisme intellectuel, qui me rappelle ma préparation de Normale sup. Bref, de la justice de luxe, une activité intellectuelle stimulante.

Qui tente de placer sa vie sous l'égide de la liberté ne peut pas être insensible à la richesse intellectuelle du questionnement sur la liberté d'expression. Celle-ci doit-elle être absolue, ou bien des limites doivent-elles lui être fixées ? L'interrogation sur ces éventuelles limitations peut occuper toute une existence, car ce n'était pas le moindre mérite du droit de la presse, à mes yeux, que de n'offrir aucune lumière décisive. Diffamer, ce ne sera jamais la même chose que voler. Le voleur sait qu'il vole. Le diffamateur n'a pas toujours conscience de diffamer. Cette ductilité du droit de la presse, la certitude qu'il obligeait à faire appel au meilleur de soi – analyse juridique, culture, morale, bon sens, principes démocratiques – pour qu'on puisse tenter de résoudre d'infinies et constantes contradictions, l'apprentissage du doute et de la nuance qu'il facilitait... tout m'attirait dans cette matière que je découvrais et qui m'a permis de rencontrer et d'estimer quelques avocats spécialisés de très haut niveau. C'était toujours un beau défi, pour le ministère public, de se fonder sur l'article 1er de la loi de 1881 (« L'imprimerie et la librairie sont libres ») pour tenter de favoriser le respect de ce principe supérieur, en dépit des aléas des joutes politico-judiciaires.

Au cours de ces années, je sentais que la liberté d'expression n'était pas, pour les magistrats, une exigence aussi forte qu'elle aurait dû l'être, qu'on se plaisait, avec une sorte de volupté judiciaire, à étouffer la logique et la mission des médias sous la logique sèche et abstraite de la justice. C'étaient deux mondes dont on aggravait les différences et qu'on désirait inconciliables. J'avais parfois l'impression qu'une psychanalyse sauvage aurait révélé, au fond de l'esprit judiciaire, une jalousie subtile à l'égard des médias. Eux, ils avaient le vrai pouvoir, la puissance de faire et de défaire. À côté de cette réalité, l'autorité judiciaire semblait peser peu.

Lors des procès de presse, qui presque toujours commençaient par une controverse sur la procédure, tant la loi de 1881, sophistiquée à souhait, offre des possibilités d'annulation, j'éprouvais souvent la forte sensation que le débat qu'on nous demandait d'arbitrer n'était pas de notre ressort. Je n'étais pas persuadé que la manie contemporaine de saisir l'instance judiciaire pour tout et n'importe quoi soit un bon moyen d'aviver ou de raviver le climat démocratique. Pas non plus un bon moyen pour se défendre puisque le procès de presse, on peut le regretter, est, d'abord et parfois exclusivement, le procès de la victime. Celle-ci ne sort jamais indemne du débat public et contradictoire qu'elle a souhaité, et il lui faut un certain courage conjugué à la certitude de l'absolue justesse de sa cause pour se risquer à affronter une telle entreprise.

Il est confortable, pour le ministère public, de disparaître. De s'effacer. Plus l'affaire est importante et grave, plus les remous sont prévisibles et la tension extrême, plus le parquet peut être tenté de s'en rapporter à l'appréciation du tribunal. Notre système, alors, n'était pas loin de préférer l'abstention à l'action, le silence à la parole. C'était d'autant plus justifiable que les procédures étaient entre parties – elles opposaient le journal à sa victime –, et le ministère public pouvait demeurer là taisant, entre les prévenus et la partie civile. Je n'ai jamais admis cette démarche, au risque d'être mal compris. On peut vite prendre pour de la vanité ce qui n'est qu'une volonté d'occuper sa place, toute sa place. J'ai toujours détesté que la magistrature ne s'affirme pas, ne s'exprime pas, n'investisse pas son espace et amoindrisse délibérément son champ d'action. Il n'était pas concevable que le parquet, dans les affaires à forte connotation éthico-politique où il pouvait se prévaloir d'une heureuse et lucide mesure, s'abstînt d'intervenir, de livrer sa pensée et sa parole au tribunal. Le ministère public, point fixe enraciné dans la liberté d'expression, est l'évident garde-fou contre certaines variations que le hasard professionnel autorise mais qui risquent de rendre contingent le principe. Je pense, par exemple, à ces avocats comme maître Emmanuel Pierrat qui tantôt défendent la liberté d'expression quand ils plaident pour Michel Houellebecq, tantôt l'attaquent avec Josyane Savigneau [1].

Je me souviens de quelques dossiers retentissants : Jean-Marie Le Pen contre *Libération* et *Le Canard enchaîné* au sujet de son passé en Algérie, le constitutionnaliste Maurice Duverger contre *Actuel*, qui avait exhumé son étude sur le statut des juifs, rédigée sous Vichy, l'affaire d'un tract pro-Pétain publié dans *Le Monde*... À l'égard de Maurice Duverger, j'avais suggéré que son attitude – l'étude incriminée avait été écrite par lui alors qu'il était âgé de vingt-trois ans – relevait davantage de l'arrogance de l'intellectuel et du juriste que de l'immoralité du citoyen. Il a bien voulu me dire, à la fin du procès, que cette appréciation lui semblait la plus juste. *Actuel* a été condamné parce que sa bonne foi n'avait pu être complè-

1. Pierre Marcelle, le premier, pose la question dans *Libération* (21 novembre 2002).

tement établie, tous les exemplaires de l'étude contestée n'ayant pas disparu des bibliothèques, contrairement à ce qui avait été écrit sur ce point somme toute mineur.

En face de Jean-Marie Le Pen, à deux reprises, j'ai perçu qu'il fallait soit exister, absolument et pleinement, avec une manière d'énergie et de violence judiciaires, soit accepter de compter pour rien, d'être réduit au néant. Sa personnalité induisait tellement le rapport de force qu'on sentait que l'alternative était simple : succomber par avance en se taisant, ou s'affirmer en parlant. Une fois la seconde branche choisie, il convenait de se défier de ce préjugé qui peut vous conduire, insensiblement mais sûrement, à vous déterminer pour de mauvaises raisons. Plus que jamais, la rectitude intellectuelle était à faire prévaloir sur toute autre considération. Ce n'était pas si facile que cela, avec un public excité, largement acquis à Le Pen, avec un Roger Holeindre installé en face de moi, me fixant avec un regard qu'il voulait menaçant, déstabilisant, avec cette tension et cette agitation si particulières aux grands procès et qui peuvent altérer la lucidité, amoindrir l'intelligence ou, plus gravement, favoriser la vanité. On est devenu un personnage !

À l'instance contre *Libération,* Le Pen lui-même était arrivé « chaud » en début d'après-midi, manifestant d'emblée l'intention d'en découdre. Heureusement, je suis ainsi fait que la faiblesse d'autrui peut parfois me désarmer, mais que sa force me stimule. Je me préfère indulgent que lâche. J'ai requis, dans les deux affaires où il était mis en cause, avec Jean-Marie Le Pen tout près de moi, et c'était comme si je l'incorporais à mon discours, tant sa masse impressionnante était impossible à oublier. Pour *Le Canard enchaîné*, la bonne foi ne me semblait pas totalement établie, tandis que je l'ai admise au bénéfice de *Libération.* La XVIIe chambre, sous la présidence d'Émile Cabie, a privilégié, dans les deux instances, une démarche paradoxale, faussement évidente, et sans issue sur le plan judiciaire. Le Pen ne pouvait pas se plaindre, puisqu'il avait publiquement admis sinon avoir torturé, du moins la nécessité de la torture en Algérie : la Cour de cassation a réduit à néant cette argumentation, juridiquement infondée.

J'ai eu droit, par la suite – dans *National hebdo*, je crois – à un article où l'on évoquait, pour le vitupérer, le « long cri amoureux » du substitut Bilger pour *Libération*. C'était doublement absurde : seul le droit m'avait inspiré et je n'avais aucune sympathie particulière pour la veine anti-institutionnelle, gauchiste de *Libération*, même si certains de ses journalistes m'ont offert et continuent à m'offrir de grands plaisirs de lecture : Sorj Chalandon, Philippe Lançon, Patricia Tourancheau, Luc Le Vaillant...

C'est, sans doute, dans cette expérience professionnelle à la chambre de la presse que j'ai acquis ce goût du combat, sans gesticulations ridicules ni spectaculaires, sans hurlements ni terrorisme, un combat où la vérité se découvre, est arrachée et décrétée. Justice de luxe, donc, mais aussi secteur stratégique, car, en 1986, survient la première cohabitation. La justice était un enjeu majeur entre l'Élysée et Matignon. Le garde des Sceaux et son cabinet jouaient un rôle déterminant, au point que j'ai eu le sentiment que le jeu se trouvait faussé. La justice était condamnée à se laisser instrumentaliser, et j'étais un témoin privilégié mais impuissant. Dans mon domaine, je n'avais pas voix au chapitre pour les affaires sensibles, qui étaient réservées aux chefs successifs de la section. Pour écarter l'un d'eux, Antoine Bartoli, d'aucuns ont fait courir le bruit qu'il était de gauche, ce qui, de surcroît, n'était pas vrai. Le climat, dans ces années-là, était véritablement très lourd.

Je reste, néanmoins, à la 4e section jusqu'en mars 1989. Là, je deviens chef de la 11e (droit bancaire, fraude informatique, escroquerie à la carte bancaire). Si je suis encore imprégné de mes interrogations initiales sur la magistrature et sur moi-même, mon dossier personnel s'est allégé au fur et à mesure que ma notation progressait. J'ai vécu mon activité de chef de section avec un grand bonheur, cultivant le syndrome du « chef de bande ». Je regrette, toutefois, de n'avoir pu obtenir une sorte de consensus entre les magistrats et les autres personnels (secrétaires, greffiers, etc.) : chacun est resté dans son camp, c'est dommage. J'aurais aimé faire de ma section un monde à part, détaché des contraintes orthodoxes de l'administration en échange d'un rendement de qualité. Malgré cela, la 11e tournait à plein régime, car j'avais fixé comme priorités la rapidité, l'efficacité et la réponse systématique aux justiciables, ce qui était nouveau dans notre monde. J'ai trouvé, en arrivant, quelque quatre-vingts dossiers en attente que j'ai répartis et qui ont été réglés promptement. À partir de ce moment, les statistiques de la section deviennent plus que bonnes, au point qu'on me demande de les falsifier légèrement, de manière négative, pour les rendre plausibles. Par une sorte d'ironie de l'histoire, je retrouve, au-dessus de moi, M. Parlange, devenu procureur adjoint. Mais cette fois, mes résultats, dont il peut se prévaloir en haut lieu, me permettent d'échapper à son contrôle tatillon et, mieux, d'obtenir son approbation. Je bénis l'expérience de la 11e section parce qu'elle m'a profondément rassuré avant de rejoindre le parquet général. J'ai compris, à cette occasion, qu'une réputation non fondée sur l'action ne vaut rien. Il y en a des exemples !

J'ai expliqué, plus haut, pourquoi j'avais dû m'y prendre à trois fois pour accéder à la liste d'aptitude. Ce n'est qu'à la troisième tentative que j'ai décroché le tableau d'avancement obligatoire pour obtenir le grade de premier substitut et entrer plus tard, en 1990, au parquet général, avec l'appui de son chef d'alors, Pierre Truche. J'ai été nommé, dans un premier temps, à la chambre d'accusation. Cette instance avait à l'époque largement tendance à entériner les actes et décisions des juges d'instruction, faute de temps sans doute et aussi à cause de cette solidarité dangereuse qui altère la pureté des contrôles et abolit la pluralité des regards. Je n'y suis resté que trois mois. Comme il était de notoriété judiciaire que j'aspirais à la cour d'assises, j'ai été nommé à la 3e section – les « petites assises » de Paris. J'y suis ministère public pendant deux ans, et quitte provisoirement la cour pour le Sénat, dans le cadre de ce poste de conseiller dont j'ai déjà parlé. Je reviens comme substitut général à la 1re section – les « grandes assises ». Le premier dossier qui m'est confié : l'affaire Christian Didier, le meurtrier de René Bousquet.

Mais deux procès, quoique anciens, m'ont laissé un grand souvenir aux « petites assises ». Le premier, c'était, en 1992, celui d'Yves Chalier, défendu par un avocat devenu une personnalité politique respectée, Xavier de Roux. Il s'agissait du Carrefour du développement, du sommet de Bujumbura et de l'ancien ministre Christian Nucci. Les débats ont été passionnants parce qu'ils ont mêlé, par force, l'examen des faits à l'appréhension de rouages politiques, administratifs et financiers sur lesquels nous avons pu avoir une vue claire grâce à l'audition de nombreux témoins de qualité. Sous la remarquable présidence d'Henri-Claude Le Gall [1], les jurés, après une courte période d'adaptation, ont posé un nombre considérable de questions : les observateurs ont été frappés par cette démarche favorisée par le président. Depuis, je n'ai jamais retrouvé une telle liberté de questionnement et une telle curiosité dans un jury.

Psychologiquement, j'ai découvert en Yves Chalier quelqu'un qui, par certains côtés, pouvait émouvoir. Sa vie avait basculé à partir du moment où il avait rencontré une nouvelle compagne : on croit changer de femme, et on change de monde. La première, personne simple, estimable, de la France profonde, la seconde, hôtesse de l'air, sophistiquée, urbaine. L'existence de Chalier a été bouleversée par ce passage d'un amour à une passion – de l'ordre quiet des campagnes à la frénésie débridée et dangereuse des villes. J'avais requis huit ans de réclusion, mais je n'ai pas été surpris de voir l'accusé

1. Henri-Claude Le Gall préside aujourd'hui la Cour de justice de la République.

condamné à cinq ans. Les jurés, à l'évidence, ont mal compris les raisons juridiques qui empêchaient de juger l'ex-ministre Christian Nucci en même temps que son ancien chef de cabinet. C'est au nom de cette frustration collective qu'ils ont atténué la sanction – que je n'avais pas voulue sévère – contre Chalier. Je n'avais reçu aucune instruction. Je me souviens, au contraire, d'échanges confiants et quasi amicaux avec le procureur général Truche, magistrat d'exception, qui aidait, conseillait et stimulait, sans jamais porter atteinte à votre liberté.

Je voudrais aussi évoquer le procès de Jean-Thierry Mathurin, en 1991, dans l'affaire qui, principalement, aurait été celle de Thierry Paulin – le « tueur des vieilles dames du XVIIIe arrondissement » – s'il n'était pas mort du sida en prison. Mathurin avait participé à certains des crimes avec Paulin, et tout mon souci, à l'audience, fut d'éviter que pèse, de manière implacable sur lui, l'ombre de l'absent. Si je ne pouvais pas ne pas requérir la perpétuité, j'ai voulu à toute force que soit marquée une différence en ce qui concerne la période de sûreté. J'ai réussi à convaincre les jurés. Je leur ai demandé d'arbitrer comme si Paulin était là, vivant – et à son encontre, j'aurais évidemment requis la peine de sûreté maximale de vingt-deux ans. Je les ai invités à tenir compte implicitement de cette présence et donc à hiérarchiser les responsabilités, Paulin ayant plus fait, dominant Mathurin.

La cour d'assises est revenue avec un arrêt validant mon point de vue. La plaidoirie, pour l'accusé, de maître Michèle Arnold, une jeune avocate, fut belle, mais en l'occurrence elle ne pouvait pas faire baisser davantage le seuil de l'indulgence. Parmi les parties civiles, j'ai entendu une rare plaidoirie, fine, élégante, délicate de maître Olivia Cligman : à petites touches impressionnistes, sans démagogie, sans diaboliser Mathurin, elle a fait revivre l'une des victimes.

Les assises, c'est plus qu'une passion, une drogue. Je ne demande qu'une chose : y rester, avec cette absolue liberté de pensée et de parole qu'elles autorisent et qui est conforme à ma conception épique de la justice. Plutôt les grands espaces que l'épicerie. Plutôt la transparence que le catimini. Quand je me retourne sur mon itinéraire, atypique et chahuté, parfois extrêmement conflictuel, qui m'a mené d'un cabinet d'instruction lillois à la cour d'assises de Paris, je me sens sinon serein – une forme d'agitation intime me l'interdira toujours –, du moins uni et rassemblé. Il me semble qu'enfin j'ai trouvé la bienfaisante articulation entre la passion professionnelle et le bonheur personnel.

Je suis ce que l'on appelle un « haut magistrat », mais je ne dirige pas un grand parquet, par exemple. Et pourtant, je ne peux pas me plaindre. La difficulté a été, pour moi, de gérer une aspiration à plus de responsabilités tout en ne me laissant pas aller à cette frénésie qui entraîne à vouloir progresser sans en avoir ni les moyens ni la légitimité. Il y a des individus qui veulent être, et d'autres qui veulent faire. Mieux vaut faire : l'ambition authentique s'inscrit dans une action. Je ne me suis jamais vécu comme une institution. J'ai toujours été très étonné de voir de jeunes auditeurs de justice, à peine nommés magistrats, se comporter comme s'ils étaient de petits notables. Le magistrat doit savoir résister à la tentation du personnage. Ce qui vieillit, c'est d'entendre des avocats plus jeunes que soi, avec lesquels l'âge n'a jamais compté puisque la controverse et la joute intellectuelles hors de l'audience effaçaient tout, m'appeler « monsieur l'avocat général ». On a l'âge des révérences qu'on vous octroie.

Il est très pénible, c'est vrai, de voir autour de soi des ambitions, des appétits exprimés de manière ostensible, sommaire, grossière. Très pénible, également, de sentir que des ambitions légitimes n'ont guère de chance de prospérer. La magistrature peut souvent laisser croire que l'ambition vulgaire est privilégiée dès lors qu'elle a l'habileté de s'inscrire dans le cadre de réseaux discutables, qu'ils soient professionnels ou syndicaux. J'ai les clans en horreur. Je n'ai jamais rejoint aucun de ces réseaux – à l'exception, jadis, du Syndicat de la magistrature, mais pour des raisons autres, que j'ai exposées. Je ne me vante pas : ce rejet des coteries en tout genre participe sans doute de ma passion de la solitude – je suis un asocial très sociable –, d'un certain art de déplaire qui ne me déplaît pas. D'autant que, dans la pratique judiciaire, la solitude est une grande force pour l'avocat général. Je ne suis pas en charge d'un service, mais d'une activité dont la plénitude ne dépend que de moi. Elle est bien belle, cette exaltation du « seul contre tous » pour le bien de la justice !

Au-delà de mon rôle à la cour d'assises, je souhaite profondément participer à l'élaboration d'un meilleur regard sur la justice par le biais de conférences, de séminaires, d'interventions dans les médias. Vis-à-vis de ces derniers, je ne suis pas loin d'adopter la même stratégie de conviction qu'avec un jury. Au bout du compte, ce qui m'importe, c'est de diffuser une vision optimiste de la vie judiciaire. Un beau métier comme le nôtre n'appelle qu'enthousiasme et passion – ou, si l'on veut, un pessimisme actif. Rien de tiède, en tout cas. Il ne faut, jamais et nulle part, s'excuser d'être magistrat. Je suis lassé de cette fierté à sens unique qui voit le barreau, par exemple, se pencher avec condescendance sur la magistrature, et celle-ci, par paresse, faiblesse, résignation, accepter le regard dépréciatif. Collectivement entendu, le combat serait loin d'être en notre défaveur.

3

Le procès de Philippe Naigeon

ou le polytechnicien qui ne voulait pas comprendre ses crimes

(8-12 septembre 1997)

Dans le box de la cour d'assises, un polytechnicien de quarante-quatre ans, directeur d'une filiale de la Caisse des dépôts et consignations. L'accusé répond d'un triple crime particulièrement odieux : Philippe Naigeon a assassiné sa femme et deux de leurs trois jeunes enfants, armé d'un pistolet et d'un marteau.

Les lieux du drame : la villa Scheffer, une ruelle privée du XVIe arrondissement de Paris proche de l'avenue Georges-Mandel. Là, il y a des arbres, des hôtels particuliers, la tranquille quiétude des « villages » cossus de Paris. C'est dans ce cadre apaisé que Philippe Naigeon était devenu un assassin. Le 19 mai 1994, il était rentré plus tôt que d'habitude à son domicile où il avait absorbé un dangereux cocktail de Valium et d'alcool. Ensuite, il avait tour à tour massacré Charles-Louis, douze ans, son épouse Éliane, trente-huit ans, et Armand, sept ans. Seule la petite Isabelle, cinq ans et demi, avait échappé à la mort : la police découvrira la malheureuse, blessée et prostrée, dans un placard de sa chambre. Elle avait bloqué la porte de la pièce avec son coffre à jouets...

Quant à celui qui n'est encore qu'un suspect, il est retrouvé dans une pose des plus théâtrale : affalé dans un fauteuil, une bouteille de cognac vide et une lettre de la main de sa femme – « Je te quitte » – à ses pieds, un revolver cassé en deux – l'arme avec laquelle il a achevé Éliane et Armand – dans une main.

À l'origine de ce carnage dans la haute société : le divorce et la garde des enfants obtenue par Éliane. Au bout de dix-sept ans de mariage, l'époux entendait régenter la vie familiale dans ses moindres détails et faisait endurer à sa femme, richissime fille d'un ambassadeur de France, des crises de jalousie de plus en plus inconvenantes, violentes aussi. La vie commune étant devenue impossible dans de telles conditions, Mme Naigeon prit donc l'initiative d'une séparation. Elle ne pouvait pas imaginer que son mari, présenté par les experts comme un homme d'une intelligence supérieure mais psychorigide, préférerait massacrer les siens plutôt que de surmonter un échec personnel.

Les débats, dès leur ouverture, en septembre 1997, prennent un tour orageux. Naigeon, qui a interdit à son propre avocat, maître Stéphane Maître, de s'exprimer – et qui a auparavant récusé trois ou quatre conseils commis d'office – s'enlise dans d'interminables digressions, d'obscurs plaidoyers *pro domo* dans lesquels il refuse de s'interroger sur sa responsabilité et tente de diriger les débats. Résultat : le tirage au sort des jurés ne pourra commencer qu'en fin d'après-midi. Le président Didier Wacogne, magistrat subtil et expérimenté, peine à endiguer ce torrent verbal. Il doit expulser l'accusé, qui sombre dans l'injure, et déployer ensuite une énergie considérable pour le faire revenir à sa place.

L'audience oscille entre l'émotion extrême – comme lorsque le président, bouleversé, rappelle que le petit Armand a eu la force de lancer à son père, occupé à lui défoncer le crâne : « Papa, je t'aime » – et les moments où la colère l'emporte, tant l'accusé se rend insupportable. Il n'hésite pas à mettre en cause la partie civile. Je me souviens de ses rodomontades dirigées contre la famille de son épouse : évoquant celle-ci et leurs enfants, il avait lancé : « Vous les avez bradés, vous êtes des salauds ! » Ou encore : « Isabelle [la survivante] est la plus grande victime de ce drame. La seconde, c'est moi. »

Dans mon réquisitoire, j'ai demandé la sanction maximale : réclusion criminelle à perpétuité assortie d'une peine de sûreté de vingt-deux ans. « J'ai peur pour l'avenir, ai-je expliqué, car Philippe Naigeon s'est installé aujourd'hui sur un piédestal de haine contre sa belle-famille, et on ne peut laisser sortir cette véritable bombe humaine d'irresponsabilité avec le risque qu'elle veuille achever son œuvre. » Les jurés ne m'ont pas suivi jusqu'au bout : ils ont condamné Philippe Naigeon à trente ans de réclusion criminelle. Je ne trouve pas la différence choquante. Toutefois, elle a attiré mon attention sur le fait que j'avais trop compté sur l'évidence de la gravité exceptionnelle de l'affaire. Et que, sans doute, je n'avais pas pris suffisamment le soin d'expliquer pourquoi, en dépit de l'abstention de son avocat, désirée par Naigeon et dont celui-ci a probablement bénéficié par un réflexe de pitié pour le « faible », la réclusion criminelle à perpétuité était la peine qu'il méritait. En effet, ces crimes, quoi qu'on puisse imaginer de l'inventivité de la malfaisance humaine, se situent forcément au plus haut. À cette occasion, j'ai pris une bonne leçon, d'autant plus éclairante qu'elle ne constituait pas un scandale judiciaire. Par la suite, j'ai tenté – quelle que soit la nature du crime – d'expliquer avec soin et sincérité le processus qui me conduisait à proposer telle ou telle peine.

J'avoue également avoir été fortement stimulé sur ce plan par les présidents de cour d'assises qui regrettaient que le ministère public fût si léger dans ses réquisitions sur la peine, comme si elle allait de soi pour les jurys. Un autre grief, plus fondamental, revenait également sans cesse : le parquet n'occupait pas assez sa place dans l'espace criminel et, de la sorte, déséquilibrait le débat puisque le président était contraint d'« en faire trop ».

Philippe Naigeon était un accusé très particulier : alors que ses capacités intellectuelles supérieures lui permettaient de participer aux débats, et même de les enrichir, il a refusé le dialogue et adopté une attitude fuyante. Mais je ne dirais pas que Philippe Naigeon était « fuyant », dans la mesure où il parlait beaucoup. J'avais, en effet, le sentiment de me trouver devant un accusé au parcours exceptionnel, à l'évidence d'une grande intelligence mais incapable d'assumer ses actes. J'ai trouvé un individu d'une absolue rigidité en même temps que d'une inaltérable volubilité. Certains fuient leur responsabilité par et dans le silence ; lui, c'était dans et par l'inflation verbale. Cette propension à la parole se trouvait constamment en décalage par rapport au procès.

Les explications d'un accusé peuvent s'inscrire ailleurs que dans le contexte de son propre procès. Philippe Naigeon, si curieux que cela puisse paraître, ne parlait jamais des faits eux-mêmes. Tentant d'échapper au fond des débats, il mettait en œuvre un discours de persécution plein d'animosité à l'encontre de son ancienne belle-famille. Comme il avait interdit à son avocat de parler, il incarnait le paradoxe d'un accusé qui se défendait seul sans jamais oser affronter sa responsabilité.

En creux, pourtant, on voyait se dessiner peu à peu une personnalité qui nous expliquait, en quelque sorte, physiquement les faits qu'on lui reprochait – de ce point de vue, je pourrais établir un parallèle avec Magali Guillemot. La rigidité de Naigeon à l'audience, sa parole complètement désaccordée, le bloc monolithique qu'il constituait et son inaptitude à répondre aux questions, tout cela laissait deviner comment il avait pu être *avant*, et comment il avait pu décider de commettre ces actes atroces. Philippe Naigeon était un homme qui préférait voir mourir sa famille plutôt que de laisser son épouse reprendre sa liberté et provoquer, par conséquent, selon lui, l'éclatement de la famille. Il admettait qu'il avait tué sa femme et deux de leurs trois enfants, mais prétendait que toute la responsabilité en incombait à la victime adulte. Il me revient maintenant que, un quart d'heure avant la clôture des débats, il a répondu à une question. Certes, d'une manière aberrante, mais au moins en rapport avec le fond des débats. On sentait malgré tout que le procès avait eu son utilité, qu'il commençait à exercer, bien que trop tardivement, son utilité thérapeutique.

Je voudrais revenir sur l'incident rarissime qui s'était produit la veille : je suis descendu de mon estrade pour aller morigéner l'accusé à quelques pas de lui. Je souhaite expliquer pourquoi j'ai agi de la sorte. À un moment donné, devant la précision des questions qui auraient de surcroît appelé des réponses extrêmement simples, le comportement de Naigeon est devenu exaspérant et, surtout, offensant pour les parties civiles – la famille de l'épouse assassinée – assistées par maître Bernard Prévost, lui-même personnellement insulté par l'accusé. Dans un mouvement spontané, ou plus précisément calculé dans l'instant, je suis allé juste devant le box, situé à une dizaine de mètres de mon bureau, pour regarder l'accusé droit dans les yeux, et lui poser à nouveau quelques questions simples.

Cette démarche m'apparaissait comme le moyen de débloquer une audience verrouillée par l'accusé. C'était une provocation, une manière ostensible et délibérée de sortir de ma place et de mon comportement habituels, si j'ose dire, pour créer un choc et susciter une réaction qui serait, enfin, authentique de la part de Naigeon. Il a continué à emprunter des chemins de dérivation. Ma mise en scène m'a, cependant, permis de montrer physiquement aux jurés à quel point son comportement dilatoire était scandaleux. J'ai senti que cela avait fait sensation. Je pense qu'il n'était pas complètement vain, en l'espèce, de traduire de manière ostensible la volonté de comprendre du ministère public et le refus total de l'accusé de participer à l'audience. Je ne regrette donc pas d'avoir agi ainsi.

Je n'ai jamais abusé de ces démarches à sensation. Je me souviens toutefois d'avoir un jour requis sur le plancher, à Bobigny. Je l'ai fait parce que je tenais ce jour-là à regarder le jury en face, et parce qu'un grand président, Guy Floch, me l'avait permis. Une autre fois – dans l'affaire Chalier-Carrefour du développement –, j'ai terminé mon réquisitoire en descendant de mon estrade pour regarder le jury en face et mieux faire passer ma péroraison.

Faut-il voir là des accrocs à l'« allure » du procès ? Je me suis beaucoup interrogé sur ces démarches, que je crois sincères. Dans la mesure où elles sont rarissimes, il faut y voir une attitude purement judiciaire, comme une forme très exceptionnelle de preuve. Mais il est évident que si je me suis interrogé, c'est bien que je me demandais si je n'avais pas été mû, en ces trois circonstances, par un désir vulgaire de provocation et de théâtralité.

Je crois, d'ailleurs, pouvoir dire que je ne le referai pas. Je sais aujourd'hui que l'un des écueils de ma nature est peut-être de m'abandonner trop aisément à des démarches qui manifesteraient physiquement ma singularité. Je dois y faire très attention. Il demeure que je crois nécessaires parfois, dans le cours judiciaire, des actes qui ne sont pas en rupture avec celui-ci mais qui, au contraire, le portent à son paroxysme. À partir du moment, c'est entendu, où je sais que cela n'est pas pure vanité de ma part.

En ce qui concerne l'efficacité judiciaire de certaines attitudes que l'on pourrait qualifier de théâtrales, j'ajouterai que, dans l'affaire Naigeon, je savais que l'avocat de la défense ne plaiderait pas après mon réquisitoire, son client le lui ayant interdit. En général, j'essaie de requérir assez brièvement. Au-delà de quarante-cinq minutes, la fatigue se manifeste chez celui qui parle et chez ceux qui écoutent. Là, j'ai requis environ une heure, si ma mémoire est bonne. Devant l'énormité des faits, j'avais demandé la perpétuité. Quand j'ai cessé de parler, j'ai vu que des jurés, mais aussi des journalistes, pleuraient. Pour ma part, je tiens tellement à persuader les jurés que l'émotion ne doit pas prendre la place de la lucidité que je n'ai donc pas trop de mal à garder les yeux secs, même si mon cœur peut être ému. Trop de circonstances, dans la vie, m'ont démontré que le sentiment n'enrichissait pas toujours l'intelligence mais, parfois, constituait le succédané larmoyant de celle-ci.

Un procès, ce n'est pas seulement, même quand la culpabilité est prouvée, une peine qui vient à son issue poser le sceau de la prison sur une audience. Ce devrait être l'approfondissement de tout par le débat, au moins la tentation d'aller à la rencontre d'un être désireux de s'expliquer et de se faire comprendre. D'aller, aussi, vers des territoires obscurs et troublants, loin de notre réalité quotidienne. En ce sens-là, l'affaire Naigeon m'a laissé un immense sentiment de frustration.

4

L'étrange fraternité de la cour d'assises

La cour d'assises est, pour moi, le lieu de la continuation, par le biais judiciaire, d'une vie personnelle qui aime l'intensité et l'exaltation. Mais pas par n'importe quel biais. Celui qui passe par la présence d'un jury, de citoyens qui, avec trois magistrats – dont un président qui jouera un rôle déterminant –, vont juger les affaires criminelles. C'est l'existence du jury qui constitue la caractéristique fondamentale du procès criminel. Rien à voir avec les audiences correctionnelles où trois magistrats seulement, collégialité au sein de laquelle les caractères ou le statut créent une répartition très inégale du pouvoir, vont juger les prévenus.

Certes, le jury a fait l'objet d'un certain nombre de critiques, notamment celle d'être trop soumis à sa subjectivité et de prendre parfois des décisions incohérentes, faute de repères et de références. Selon moi – et je ne suis même pas obligé de faire un sort particulier au jury parisien qui passe pour plus éclairé que les jurys des cours d'assises de province ou de banlieue –, le jury représente une institution irremplaçable. S'il m'est arrivé, rarement il est vrai, d'être dans l'instant surpris, voire choqué, par certains arrêts de condamnation ou d'acquittement, j'ai toujours, après réflexion, admis que ces décisions étaient frappées d'une sorte d'équité populaire. Et, en tout cas, qu'elles ne se révélaient pas du tout absurdes. En second lieu, et c'est paradoxal, le jury est beaucoup plus apte que la seule magistrature professionnelle à sentir l'ambiguïté et la complexité des choses, à accepter qu'on adopte une démarche et qu'on tienne un langage synthétiques. Il est évident que si, par malheur, on décidait un jour de supprimer le jury et de laisser les procès criminels à la disposition exclusive des magistrats de métier, de telles audiences n'auraient plus le même intérêt.

Je comprends, toutefois, que certains verdicts puissent être mal perçus par l'opinion. J'ai gardé en mémoire celui qui avait été rendu en juin 2002 à Douai, par la cour d'assises du Nord : les jurés avaient condamné à seulement trois ans de prison avec sursis Stéphane Andolina, le policier qui avait tué Riad Hamlaoui, un jeune homme d'origine maghrébine non armé et qui ne le menaçait pas. Je ne connais bien évidemment de ce dossier que ce qu'en ont rapporté les journaux. Je me souviens, notamment, que Martine Aubry, maire de Lille, avait publiquement souhaité que le parquet interjette appel : cette affaire révèle la catastrophe que représente l'intrusion du politique dans la gestion de la vérité judiciaire. La réaction de l'élue, choquante et inutile après le verdict, ressemble à un appel du pied à l'intention de la gauche la plus rentable d'un point de vue électoral, au détriment de l'autorité de la chose jugée, et de surcroît par un jury populaire. Judiciairement, on s'intéresse peu au peuple, alors que politiquement...

Pour en revenir aux faits – la « bavure » pour parler clair, même si je déteste ce terme trop souvent utilisé et qui évoque comme une dégoulinade, alors qu'il s'agit tout simplement d'un crime ou d'un délit commis par un fonctionnaire de police –, je crois savoir qu'ils se sont produits à une époque où un certain nombre de comportements policiers avaient suscité l'émoi. J'ai cru également comprendre que la municipalité de Lille avait alors fait pression avant le procès pour que les agissements du policier fussent qualifiés de « meurtre ». Cette volonté de forcer le réel de la part des politiques a sans doute fait perdre sa lucidité à l'institution judiciaire. Je comprends la difficulté qu'a éprouvée l'accusation lors du procès. L'avocat général avait requis six ans de prison ferme : les débats se sont ouverts sur la base d'une qualification extrême, le meurtre, qui, à l'évidence, ne paraissait pas convenir au drame. L'audience a vu ensuite apparaître la notion, criminelle également, de « coups mortels », soutenue paraît-il sans trop de conviction. Elle s'est achevée sur un verdict pour « homicide involontaire », délit relevant en principe de la correctionnelle. Cette « cuisine » d'avant procès, cette confusion juridique durant les débats n'ont pu qu'exacerber l'indignation de la famille de la victime.

Les cris de colère qui ont fusé après la lecture de la décision traduisent davantage, selon moi, la déception devant une histoire judiciaire incompréhensible qu'une contestation de l'arrêt lui-même, rendu par douze personnes. Celui-ci révèle l'absolue liberté du jury qui, en dépit de l'indignation ambiante et de la gravité apparente des faits, peut remettre ces derniers à leur juste place, les hiérarchiser, en tenant compte de l'attitude de la victime et de celle de l'accusé. Heureusement, le parquet général a décidé de ne pas faire appel, contrairement au vœu déplacé de Martine Aubry.

Cette triste affaire n'est pas de nature à me faire douter du jury populaire dans son principe. Non que je considère qu'un citoyen tiré au sort soit forcément un juge parfait. C'est pourquoi je n'hésite pas, depuis longtemps, à user de mon droit de récusation[1], alors que je m'y refusais à mes débuts. Jusqu'à ce que, dans une affaire de très grand banditisme, je me retrouve avec un médecin qui m'inquiétait par son assurance aux limites de la vanité, mais que j'ai laissé venir parmi les neuf jurés. Au cours des audiences, ce fut l'enfer ! Il ne cessait de parler, cherchant ostensiblement à influencer ses pairs, tenant un discours anti-policier primaire. Après l'énoncé du verdict, il a foncé droit vers les avocats de la défense pour leur dire :

1. Lors du tirage au sort du jury, la défense peut récuser cinq personnes, le ministère public quatre. En appel, six et cinq.

« Désolé, j'ai fait tout ce que j'ai pu. » Vu le genre d'affaire que nous venions de juger, j'ai demandé qu'une enquête soit effectuée sur cet individu, soupçonnant d'éventuelles accointances avec les accusés, mais cela n'a débouché sur rien.

Je profite, désormais, de la révision de la liste, la veille de l'audience, lors de laquelle sont reçus les jurés, pour jauger les jurés potentiels – cela me donne, je le reconnais, un léger avantage sur la défense, qui ne les découvre qu'à l'ouverture des procès. On ne nous communique, au président et à moi, que leur nom, leur date et lieu de naissance, leur adresse et leur profession. J'essaie de me faire une opinion en les écoutant parler, présenter leur demande de dispense, en observant leur comportement superficiel. C'est un pari que je perds parfois mais que, souvent, je gagne.

Il y a dans tout groupe, et donc dans tout jury, une personnalité dominante dont on sent qu'elle comprend tout et qu'éventuellement elle sera capable, si on l'a convaincue, d'être votre porte-parole. À quoi la devine-t-on ? Une sûreté de soi sans morgue, une écoute, une vigilance, la profondeur dans la formulation des questions, la profession exercée qui projette une lumière favorable... On cherche évidemment à la retrouver comme « pivot » dans les autres jurys désignés par le sort [1] et, pour ce faire, je ne recule parfois pas devant telle ou telle récusation d'opportunité, pour que le hasard me soit favorable et fasse « sortir » le juré – homme ou femme – que j'espère. Plus que le juré complaisant, je recherche le juré intelligent. Car on voit aussi très clairement des citoyens manifestement privés de la capacité de douter et imbus d'eux-mêmes. Trop soucieux de soi, ils seraient dangereux pour la justice, et sont donc à récuser.

J'attache le plus grand prix, pour la composition du jury, non pas à la répartition des sexes – je pense qu'elle n'a pas une

1. Une session d'assises examine généralement plusieurs affaires. Chaque fois, un nouveau jury est tiré au sort à partir de la liste initiale.

incidence décisive – mais à l'homogénéité intellectuelle et au souci d'équilibre. Dans les affaires à très forte connotation psychologique et « sociologisante », je me méfie de certaines professions non seulement réticentes devant la peine (bien qu'elle ne soit jamais extrême dans ces dossiers), mais surtout tellement férues de compréhension qu'elles déplaceraient le centre de gravité lors du délibéré. Ce qui risquerait d'entraîner une prédominance de la perception molle et purement sensible. À l'inverse, pour des crimes (souvent répétés) susceptibles d'être réprimés au plus haut, ces mêmes professionnels ne sont pas à récuser, car la « dominante » sera sans doute exactement contraire : une vision dure et sèche, une mise à l'écart de l'accusé, étouffé sous ses actes. La psychologie et la compréhension viendront alors heureusement rééquilibrer le délibéré. Enfin, quand je le peux, je me suis toujours fait une règle de récuser les jurés supplémentaires (ils assistent aux débats mais ne participent pas au délibéré) pour leur éviter – s'ils sont à nouveau tirés au sort – la frustration d'être encore privés d'une délibération collective.

Je sais qu'il existe une controverse récurrente sur la non-motivation des verdicts : la loi stipule que les jurés n'obéissent qu'à leur « intime conviction ». Certains observateurs estiment que, s'ils devaient justifier par écrit leur décision, sur la base d'éléments précis, celle-ci serait moins susceptible de prêter le flanc à la critique. Ce n'est pas mon avis, et je vais expliquer pourquoi, un peu longuement. Je n'étais pas, à l'origine, partisan de la procédure d'appel en matière criminelle. J'y voyais un nouvel avatar de la tradition française de la fuite en avant législative. Plutôt que de faire fonctionner l'existant, ce qui requiert courage et persévérance, on préfère se donner l'illusion de l'action en faisant voter des lois et en créant des commissions. J'aurais préféré qu'on fasse correctement « marcher » les chambres d'accusation (aujourd'hui chambres de l'instruction), trop souvent cantonnées à un rôle peu productif d'enregistrement. Mais cela aurait exigé un volontarisme vigoureux, tant le système fonctionnait à la satisfaction générale, permettant de gagner du temps et de ne pas fâcher les juges d'instruction. La chambre d'accusation ne jouait que théoriquement le rôle de juridiction de deuxième degré, ce qui conférait aux réquisitions écrites du procureur un poids considérable. Par surcroît, je ne récusais pas l'idée d'une cour d'assises placée en quelque sorte au pied du mur du tragique. Je ne détestais pas cet aspect irréversible du verdict, que d'autres avaient dû éprouver davantage encore quand la peine capitale était en vigueur.

L'introduction d'une procédure d'appel est la manifestation d'une action collective des avocats – soutenue certes par certains magistrats et des politiques –, qui voulaient tout naturellement que soit accordée une seconde chance à leurs clients... et à eux-mêmes. La question n'a été soulevée, pour de bon, dans le débat public, qu'à la suite de dossiers qui révélaient peut-être des dysfonctionnements particuliers, mais qui mettaient surtout en évidence des défaites de la défense. À cela s'ajoutait la pression de certains médias prompts à étiqueter « erreur judiciaire » les affaires où le jury n'avait pas acquitté. J'étais profondément hostile au projet de Jacques Toubon, qui transformait la cour d'assises de premier ressort en « super-correctionnelle », avec même la possibilité de mettre l'arrêt en délibéré, pour retrouver, en second ressort, une cour comparable à celle que nous connaissons. Je sentais, et d'autres avec moi, que l'on voulait réduire l'importance et l'influence du jury.

Élisabeth Guigou, qui avait succédé à Jacques Toubon, n'était pas pressée de faire voter l'appel en matière criminelle, estimant à juste titre qu'il y avait des problèmes plus urgents à régler. La disposition est finalement passée avec la loi sur la présomption d'innocence. Là, je me suis retrouvé avec une règle nouvelle qui respectait l'esprit des assises : oralité et continuité des débats, maintien – et même amplification – du rôle central du jury composé de douze membres en appel, contre neuf en première instance. Ma satisfaction a été encore plus vive au moment où le parquet a obtenu de pouvoir faire appel d'un acquittement. On passait de la « seconde chance » à un véritable appel. Lorsque j'interviens en appel, je me sens, malgré tout, quelque peu « ligoté » par la peine prononcée en premier ressort. Ou, plus précisément, le fait de sentir la réflexion sur la peine plus « encadrée » crée davantage de gêne que de satisfaction ou de confort. Il m'est alors moins aisé de compter sur l'intuition qui fait généralement surgir, à la fin des débats, la proposition de peine, quand celle-ci ne s'élabore pas au fil du temps dans la complexité des audiences et les heureuses et stimulantes incertitudes d'un esprit qui veut demeurer libre, en ne s'enfermant pas trop tôt dans un choix.

Ce détour par l'appel me ramène, comme promis, à la question de la motivation des verdicts. À partir du moment où l'on voulait sauvegarder la nature singulière de la procédure criminelle, une telle motivation était impossible à mettre en œuvre. Elle aurait conduit à envisager qu'un arrêt puisse être mis en délibéré, en violation du caractère fondamental de la continuité des débats. Elle aurait aussi laissé craindre que des pressions soient faites sur les jurés. Et puis l'« intime conviction » demandée à ces derniers signifie leur intime certitude : ils peuvent, pour l'atteindre, se fonder sur des critères très volatils, difficiles en tout cas à faire passer dans une motivation écrite. L'intime conviction, contrairement à une opinion répandue, ce n'est pas ce qui émerge, tout seul, de quelque impressionnisme flou. L'étymologie nous indique, au contraire, qu'il doit s'agir d'une certitude, mais intime et personnelle. Souvent, l'institution du jury est critiquée à cause de cette mauvaise définition de l'intime conviction.

L'absence de motivation permet, par ailleurs, au délibéré de se laisser guider par une totale liberté, sans achopper sur la crainte d'une rédaction ultérieure compliquée. De toute façon, si cette motivation était demandée aux jurés, ils pourraient aussi bien délibérer comme d'habitude et habiller leur verdict d'un texte qui reprendrait, par exemple, l'argumentation de l'accusation ou de la partie civile. La motivation des arrêts me semble donc techniquement irréalisable, et elle serait judiciairement redoutable. L'appel, tel qu'il existe désormais, représente, y compris pour l'avocat général le plus scrupuleux et convaincu lorsqu'il requiert, l'idée que la certitude, même proclamée, a le droit, toujours, de laisser place à un epsilon de doute. Et que celui-ci, même purement symbolique, aura une chance d'être à nouveau défendu et soutenu. Il me plaît d'avoir cette idée en commun avec le grand expert qu'est Daniel Zagury.

En filigrane de ce débat, j'entraperçois une autre polémique, soulevée de temps en temps par la défense – généralement quand elle n'a pas été suivie – et qui porte sur les relations qui pourraient se nouer entre l'avocat général et les jurés. Ces relations, surtout à Paris où j'interviens durant toute la session, sont d'une richesse exceptionnelle, même si une stricte déontologie, forcément, les limite. Je sais qu'en étant présent durant toute une session (trois ou quatre procès), j'entretiens une relation forte avec les jurés. Ceux-ci me connaissent évidemment mieux que les avocats de la défense, qui changent à chaque affaire. Mais supposer que je pourrais les influencer par des moyens qui ne seraient ni publics ni contradictoires relève soit de la naïveté, soit de la malveillance, à mon égard ou à l'égard des jurés que je croise, certes, lors des suspensions, mais ni plus ni moins que les avocats. Les saluer poliment n'est pas la première pierre du réquisitoire. J'ajoute que celui qui aurait la curiosité de venir dans les coulisses, lors des suspensions à la grande cour d'assises, y verrait un inextricable mélange – que, pour ma part, je déplore – de président, d'appariteur, de jurés tirés au sort, de jurés récusés, de jurés curieux, d'avocats et, éventuellement, d'avocat général, puisque mon bureau se trouve là. Prétendre mettre de l'ordre et de la rigueur dans cet ensemble chaotique relèverait d'un tour de force qui exigerait de l'audacieux une autorité qu'on lui reprocherait par la suite. La règle n'est-elle pas de préférer une anomalie à la discipline qui permettrait de l'éviter ?

Rien de plus réel, à l'opposé, et significatif, que l'évolution intellectuelle des jurés entre l'ouverture et la clôture de la session. Le premier jour, souvent, ils traînent des pieds et de l'esprit quand, par surcroît, ils ne demandent pas à être dispensés de siéger pour des raisons personnelles ou professionnelles. Ils ne comprennent pas pourquoi ils sont là, la grandeur du devoir civique leur échappe. Ils arrivent habituellement la tête pleine de préjugés, avec inquiétude, mais, pour beaucoup, bardés de certitudes. C'est si simple, si facile de juger les criminels, les crimes sont tellement odieux, « il n'y a qu'à... » ! Le dernier jour, ils repartent à regret car, durant une décade, une véritable osmose judiciaire s'est créée entre eux. Ils ont appréhendé ensemble un phénomène troublant : l'horreur du crime n'empêche pas la fraternité avec le criminel, celle-ci est même nécessaire pour pouvoir le juger équitablement. Ils ont découvert que si le crime éloigne, le criminel, lui, doit être rapproché d'eux pour qu'ils puissent le sanctionner, même avec la rigueur la plus extrême. Ils n'ont pas besoin que l'avocat général – ou qui que ce soit d'autre – leur tienne la main ou la conscience pendant les suspensions pour forger leur intime conviction, même si l'accusation et la défense jouent un rôle capital dans la création de leur certitude.

C'est l'une des raisons pour lesquelles je m'abstiens, entre autres, de charger les accusés de tous les maux, de les diaboliser, de les repousser systématiquement dans un ailleurs fantasmatique et terrorisant, de les faire passer pour pires qu'ils ne sont et, au bout du compte, de transformer le réquisitoire en séance d'exorcisme. Ce serait une erreur totale, et je comprends mal qu'elle puisse représenter une tentation pour certains accusateurs. À force de fréquenter les assises et, à plus forte raison, à force d'y tenir un rôle essentiel, on constate que, même le voudrait-on, on ne parvient pas à sortir du champ de l'humain. Rien n'est donc plus absurde que le procès en sorcellerie qui se greffe sur le procès où la seule humanité, soudainement ou constamment dévoyée, est en question.

Même face à des parcours criminels abominables et littéralement inexplicables, comme ceux de tueurs en série, on ne trouve jamais le salut dans l'irrationnel. Et, jamais, je ne me suis senti dégoûté par un accusé. Mais je n'ai pas la fatuité de penser qu'au-delà, ou en deçà de notre compréhension judiciaire, même la plus fine, il n'existe pas une ombre, un mystère : l'humain, c'est ce qui ne se laisse jamais totalement appréhender.

Jamais dégoûté, donc, mais jamais fasciné non plus par un accusé. Je ne suis ni un tendre ni un naïf. J'ai la passion de comprendre les accusés, mais il faut me donner acte que je m'emploie, la plupart du temps, à les faire condamner. Le sens de l'équité conduit, parfois, à l'extrémité de la peine, quand les crimes et la personnalité imposent le plus haut. Pour tout dire, je ne me sens pas du tout dans la peau d'un avocat général miséricordieux. L'extrême indulgence, en ce sens, se rapproche de l'extrême sévérité : elles renvoient toutes deux à des situations où l'on n'a pas le choix. Pour le reste, la palette est infinie, et laissée à la libre appréciation des jurés. Le dernier jour, quand tout est fini et que s'apaise l'angoisse de juger – mais ils s'en souviendront toute leur vie –, ils sont devenus des juges, non plus d'un jour, mais dans l'esprit. Et c'en est définitivement terminé de ces propos péremptoires de consommateurs de radio et de télévision ou de lecteurs de journaux simplificateurs. C'est presque émouvant de voir ainsi les jurés se modifier, quasiment sur le plan physique, et de savoir qu'ils vont repartir vers leur existence d'avant, le cœur empli et la tête métamorphosée, avec un tout autre regard sur la justice. Avec, aussi, une passion de la parole qui nourrira dorénavant leur vie intime ou dont ils auront la nostalgie. Il est sûr que certains jurys sont plus proches, plus chaleureux que d'autres. Il y a des jurés lucides, clairvoyants, attentifs et consciencieux, avec lesquels pourtant, à l'évidence, j'ai du mal à créer un lien fort lors de mes réquisitions. D'autres, au contraire, ont ce visage qui se lève, ce regard qui écoute, cette attitude de disponibilité qui, avant même la certitude de convaincre, vous donne celle d'être véritablement entendu.

La cour d'assises est un lieu où se mêlent rituel et tragédie. C'est aussi un lieu qui requiert l'excellence : celle, évidemment, du président, qui tient un rôle capital. Les plus grands savent proposer une admirable conciliation entre les démarches inquisitoire et accusatoire, le nécessaire questionnement et la féconde réserve. La plus grande excellence possible, également, de l'avocat général, des avocats des parties civiles, celle, enfin, de la défense. Non pas qu'un procès où l'une des parties serait techniquement et judiciairement médiocre n'aurait aucune valeur, mais il flotterait, alors, comme un parfum d'inachevé, une vague frustration, une morsure d'échec sur un acte judiciaire qui aurait pu être totalement gratifiant et salvateur. En revanche, lorsqu'on a la chance de trouver en face de soi des parties civiles et un accusé qui, dominant leur stress, apportent chacun dans son registre leur pierre intellectuelle et authentique à l'édifice, l'œuvre de justice, alors, devient impeccable. Les jurés, qui en sont des artisans essentiels, ne peuvent pas ne pas sortir bouleversés et enrichis d'une telle expérience. J'insiste sur l'étrange paradoxe qui veut qu'une personne accusée soit, quand elle le peut, l'une des pièces maîtresses d'un procès réussi – sur le plan de son allure et de son esthétique. Elle favorise la grandeur d'une cérémonie qui, souvent, va l'accabler.

Mais je ne veux pas passer trop vite sur le rôle des présidents. À une certaine époque, il existait des « couples » président-avocat général. On a voulu les casser, considérant qu'ils représentaient parfois un État dans l'État, que naissaient des connivences trop fortes (ou, plus rarement, des inimitiés vigilantes) menant à une sorte de routine judiciaire qui marginalisait, notamment, les jurés. Je regrette ce raisonnement et la pratique systématique qui s'est ensuivie. On a morcelé et parcellisé l'administration de la justice, ce qui a, sans doute, rendu celle-ci moins efficace qu'avant sur le plan de la « qualité » criminelle... Il serait normal que, tout particulièrement dans les grandes sections parisiennes, on désigne les meilleurs magistrats. On m'annoncerait, par exemple, que je serais « rattaché » à Dominique Coujard, Didier Wacogne ou Yves Jacob, que je n'en serais pas marri. Mais il y a aussi de très grands présidents en dehors de Paris : Bernard Fayolle, qui siège actuellement à Aix-en-Provence, est peut-être le meilleur de tous. Je vois, dans ce nivellement et cet égalitarisme à tout crin, la conséquence perverse d'une conception de la modernité judiciaire qui ne supporte pas la hiérarchie du talent et lui préfère l'indolore grisaille du « chacun vaut chacun ». Certes, on pourrait rétorquer que mon appréciation est forcément subjective et « machiste » puisque je ne mets en exergue que des hommes. Cela vient sans doute du fait que la grande présidence d'assises impose une réalité, une affirmation physiques et, d'abord, une voix. Un avocat qu'on n'entend pas, un président confidentiel, un avocat général médiocrement audible, et c'est de l'allure qui s'en va, des crispations périphériques qui se créent et, enfin et surtout, de la publicité qui est battue en brèche. La publicité, ce n'est pas seulement la présence d'un public, c'est aussi qu'il puisse entendre, donc comprendre, pour contrôler ! Le public n'est pas là pour le décor mais pour légitimer l'acte judiciaire.

Outre les qualités des intervenants, la cour d'assises ne fonctionne totalement que si le tragique, qui siège au cœur de l'appareil criminel, sait s'allier au rituel. Et ce, quel que soit le crime, comme si la présence de neuf citoyens (douze en appel) rendait, dans tous les cas, dramatiques les manifestations pas toujours gravissimes de tel ou tel épisode à juger. La cour d'assises, c'est une politique – pénale, de gestion des débats, d'organisation de l'audience et de libération de la parole collective – conjuguée à une esthétique. Qu'on ne s'y trompe pas : l'esthétique est très éloignée de la théâtralité. Il n'y a ici ni comédiens ni rôles. Quiconque serait tenté d'ajouter, artificiellement, de la pompe et de l'artifice à l'univers criminel déjà si parfaitement achevé perdrait toute crédibilité. Quiconque serait tellement fasciné par soi, qu'il s'autoriserait une représentation de lui-même en rupture avec la simplicité vraie et nécessaire d'une cour d'assises, perdrait tout crédit. Insensiblement, celui-là ne serait plus écouté du jury et se retrouverait exilé dans son coin narcissique. Parce que la cour d'assises n'est profondément pas théâtralité, la théâtralité de telle ou telle partie au procès, du président ou de l'avocat général, constituerait, au détriment de celui ou de ceux qui s'y abandonneraient, un accroc irréversible. C'est, d'ailleurs, ce qui fait que les jurés ont en horreur les *« private jokes »* – toc théâtral – qui mettent du faux et du léger dans la seule vraie vie, celle de l'audience.

Plus qu'à la théâtralité, la cour d'assises, par le rituel qui est le sien, par la cérémonie judiciaire qu'elle met en œuvre et qui accueille, dans sa structure formelle, toute la liberté et l'intensité du débat, par les séquences fortes et répétitives qui la définissent, fait penser à une corrida qui ferait grâce à l'accusé en ne lui prenant plus la vie depuis 1981. L'abolition de la peine de mort, contrairement au dire de certains esprits cyniques ou absurdement nostalgiques, n'a en rien fait disparaître le caractère tragique de la cour d'assises. Il n'y a pas que l'irréversible et l'irrémédiable qui créent le tragique, mais aussi la mort d'une victime et un possible destin d'enfermement perpétuel.

L'esthétique, que j'évoquais plus haut, c'est la nécessité de l'allure, dans la cérémonie judiciaire proprement dite. Mais la contagion doit s'étendre au public qui écoute, contrôle et observe, ainsi qu'à tous ceux qui participent à l'œuvre de justice : magistrats, jurés, avocats. Il appartient aux premiers d'imposer à ceux qui se présentent à la barre la tenue qu'exigent la comparution de témoins ou l'audition d'experts devant le peuple français. Cette allure, qu'on ne s'y méprenne pas, ne doit pas s'attacher qu'à ce qui est considéré comme capital. Elle doit se soucier tout autant des petites choses, des apparences ou de détails aussi infimes qu'une main restée enfouie dans la poche ou un chewing-gum mâchouillé devant le micro.

Cette allure, elle doit encore être exigée des journalistes qui ne sont, ni plus ni moins, que des auditeurs ordinaires, soumis au même silence que les anonymes du public et assujettis à une réserve identique. Même si leur échoit le beau rôle de rendre compte du procès, au sortir de l'audience, à la communauté des citoyens. Quelle piètre image des médias que celle offerte par cette journaliste de TF1 qui, dans un procès important, n'a pas cessé de mastiquer son chewing-gum en bavardant sans répit avec ses voisins, et en ne saluant personne ! Cette dégradation du savoir-vivre atteint même les escortes de gendarmerie où la discipline quotidienne n'est plus de mise. Croyait-on qu'on en arriverait un jour à devoir leur rappeler qu'on se lève pour saluer et qu'on ne dit pas « bonjour » comme chez le boulanger ni « monsieur », sans rappeler le titre du magistrat ? Je ne méconnais pas et j'assume le caractère conservateur de cette nostalgie et autoritaire de ce rappel à l'ordre. Tout se tient, à l'évidence, et accepter de transiger ici vous ferait tout perdre là. Il ne s'agit pas de se prendre pour quelqu'un d'important mais de donner sa valeur à l'œuvre collective.

Et puis, bien sûr, l'attitude des avocats est essentielle. Certes, ce n'est pas à moi de définir, pour parler du fond des choses, le comportement exemplaire d'une défense d'accusé ou de partie civile. Même si les exercices sont différents, les qualités communes nécessaires réunissent présidence, accusation, défense et partie civile. Une attitude, d'abord, faite de modestie et d'effacement : le débat est plus important que soi. Cela semble une évidence, mais combien en voit-on, parties au procès – et journalistes ! – se comportant comme si l'essentiel émanait d'eux, faisant croire qu'ils vont enrichir le débat alors que, au mieux, c'est le débat qui va les enrichir. Je les sens venir de loin, ces avocats, souvent imbus d'eux-mêmes, jeunes, suffisants, insuffisants : une trinité lamentable que je rencontre, hélas, assez souvent. Les plus grands des avocats sont, au contraire, d'une parfaite courtoisie, modestes et à l'écoute de ce qu'ils savent être capital – le débat. Les « petits », eux, donnent l'impression, en se présentant devant la cour d'assises, de lui offrir un cadeau magnifique, de faire don de leur précieuse personne au procès. Le grand avocat, c'est exactement l'inverse : immergé dans le débat, il se laisse aspirer, porter par lui. Il s'efface derrière le débat, craignant, par un souci de soi encore trop présent, de porter atteinte à sa richesse et à ses leçons.

Il existe, en fait, une « intelligence du procès ». Je la définirai, dans un premier mouvement, négativement : c'est celle qu'on n'enseigne pas, comme si elle allait de soi ou, pis, comme si on n'avait même pas remarqué qu'elle était cruciale. Positivement, dans un second temps. L'intelligence du procès, c'est un mélange rare, que l'expérience permet peu à peu d'obtenir, entre l'action et l'abstention, entre la volonté d'être présent et la sagesse du retrait, entre l'orgueil d'une démarche consciente de ses droits, de sa fiabilité, et la vanité d'un tempérament surabondant qui, à la longue, lasse. C'est l'intelligence du procès qui fait du procès le terreau, l'unique socle sur quoi la conviction va se forger et se diffuser. La cour d'assises est un lieu de conviction : celle qu'on se crée, celle qu'on communique. Conviction, et non pas séduction ou sympathie. Cette conviction, au cœur du procès criminel, dans la stratégie honorable qu'elle implique et la tactique qu'elle impose, est la conséquence directe de l'intelligence du procès, elle-même prenant la totale mesure de l'oralité des débats.

Le président, l'accusation, la défense, la partie civile – mais non les jurés – connaissent le dossier de la procédure. La tentation consiste, à partir d'une maîtrise presque trop affichée du dossier, à ne pas se dépouiller de l'écrit. Or, il faut pouvoir aborder, l'esprit libre et la personnalité ouverte, les débats, leur oralité, leur liberté et leur imprévisibilité. Combien de fois ai-je vu des tentatives souvent désespérées pour maintenir la vie de l'audience sous le boisseau du dossier, pour imposer la loi de l'écrit à la richesse de la parole, pour contraindre l'inventivité du débat à accepter le joug du figé, ce fossile d'avantprocès ! Pour ce qui me concerne, même si une révolution intellectuelle totale est impossible, je m'efforce, connaissant le dossier, de me libérer de lui pour prendre de plein fouet la leçon de l'audience. C'est la seule manière de découvrir la vérité. Et quoi de plus passionnant que cette irruption de la vie, fût-elle judiciaire, comme fondement à l'oralité des débats, dans un monde où jusqu'alors le dossier était roi avec ses péripéties obligatoires – enquête de police ou de gendarmerie, instruction, etc. – évidemment nécessaires, mais à l'étroit dans l'encre réductrice des procès-verbaux ? Pour l'accusation, se libérer du dossier, c'est comme se vider de tout après s'être empli, dans l'attente vertigineuse de ce qui adviendra. Sans la création volontaire et déterminante de cet espace en soi, l'oralité des débats risquerait de se briser sur une certitude déjà installée et pratiquement indestructible, en tout cas si intensément souhaitée telle qu'elle le demeurera probablement contre vents et marées.

Un autre élément entre en ligne de compte, qui peut bousculer la vision idéale du procès : l'accusé, souvent, a avoué ou va avouer. Mais, parfois, il nie. L'oralité, fondamentale en elle-même, ne sera évidemment pas vécue de la même manière pour peu que l'accusé nie ou conteste. Dans le premier cas, le débat, par ses ombres et ses lumières, toutes les données qu'il va charrier, va exclusivement nourrir la proposition de peine qui terminera le réquisitoire. Dans le second cas, c'est l'existence de la preuve elle-même qui sera discutée au cours du débat. Dans cette occurrence, l'accusation peut presque se comporter comme un juré qui tenterait d'appréhender une vérité, une lueur qui parfois se manifestent, parfois s'effacent, avant de fonder à la fin l'arrêt de condamnation ou d'acquittement. La situation de l'aveu met en évidence l'heureux privilège de l'avocat général que sa fonction condamne à un impérialisme légitime, à un totalitarisme bienfaisant. Nul besoin, pour lui, dans ces moments de reconnaissance du crime, de mettre en œuvre une stratégie compliquée où il se garderait de questions « ouvertes » et objectives par peur de réponses favorables à la défense. L'accusation, au contraire, à partir du moment où elle sait que sa mission fondamentale sera d'élaborer une proposition de peine et d'expliquer ses modalités d'élaboration au jury, n'a pas d'autre choix que de faire venir au jour et à la publicité de l'audience tout ce qui – bien et mal confondus, personnalité et crime mêlés, victimes et intérêt social compris – lui servira à construire cette réquisition. Simplicité ne signifie pas repli. L'une des raisons essentielles de l'effacement du ministère public durant les procès criminels – effacement qui, je le répète, m'a été rapporté souvent et déplaît à la plupart des présidents – réside sans doute dans la volonté de ne pas altérer la pureté de l'écrit et du réquisitoire déjà préconstitué par les fluctuations inévitables et nécessaires de l'oralité. À un degré évidemment moindre, le même phénomène (l'audience fait peur, car elle serait l'ennemie de l'écrit au lieu d'en être l'accomplissement) se reproduit épisodiquement lors de grands procès correctionnels.

La proposition de peine ne saurait être comprise si elle ne s'articulait que sur des facettes à charge sans ajouter une part à décharge. Aussi, un avocat général non seulement n'est pas gêné d'entendre un expert dire d'un accusé qu'il est « réadaptable », mais il ne doit pas hésiter à le questionner sur ce plan, s'il sait que la réponse sera positive. Le fait que l'accusé soit « réadaptable » ne relève pas de je ne sais quel domaine réservé de la défense. Il constitue une information sans laquelle l'accusation ne pourrait pas, de manière totalement fiable, créer et formuler sa proposition de peine. C'est au regard de la perception de cet impérialisme légitime et honnêtement assumé que le jury fera confiance à l'accusation parce qu'il saura que, tout au long des débats, l'avocat général n'aura pas hésité à accumuler au grand jour, blanc et/ou noir, tout ce qui pourra lui permettre d'accomplir au mieux sa mission répressive.

J'apprécie la richesse incomparable du métier d'accusateur puisque celui-ci, pour assumer pleinement le général, doit aussi appréhender le singulier et le particulier. Il est obligé de prendre en compte la symphonie de l'audience criminelle – intérêt social, partie civile, destin de l'accusé – pour mieux convaincre et davantage s'approcher de la réalité, j'ose dire de la vérité. L'avocat général, qui assume le tout, porte, en lui, l'avocat. Tandis que l'avocat, qui exerce le formidable métier de défendre jusqu'au bout, jusqu'à l'absurde parfois, ne peut pas, sauf à renier complètement par une honnêteté suicidaire la cause de son client, intégrer le rôle de l'avocat général. Celui-ci n'a d'autre choix que de tenter de tout dire, de tout assumer. La vérité n'est pas un melon dont chaque partie aurait seulement le droit de couper une tranche. L'accusation est tenue de présenter le fruit tout entier, avec son regard et sa responsabilité singulière. La défense est réduite à n'en offrir au jury qu'une part, la plus appétissante, et c'est de l'interprétation par le jury de ce qui est caché que dépendra la plus ou moins grande sévérité de la peine.

Si l'accusé conteste les faits qui lui sont reprochés, force est d'admettre, en dépit de l'aspiration à se montrer en tout points remarquable, l'existence d'une possible contradiction. D'une part, la liberté de l'avocat général est totale et il peut tirer, sans aucun risque, d'une preuve insuffisante de la culpabilité les conséquences judiciaires qui s'imposent : l'accusateur demandera l'acquittement. Depuis longtemps, point n'est besoin de se montrer audacieux, voire téméraire, pour accomplir ainsi correctement son métier de représentant du ministère public... D'autre part, comment nier qu'au sein de l'accusation même la plus lucide et se souhaitant la plus indépendante possible subsistent, ici ou là, comme des relents de conservatisme qui viennent altérer une démarche judiciaire qui se voudrait pure ? Comment nier qu'il arrive, lorsque la preuve de la culpabilité s'effiloche, comme une crispation, une volonté d'endiguer le flot qui détruit et de remonter le courant à toute force ? On sent, presque physiquement, dans ces instants où l'aptitude au libre examen est battue en brèche par les stéréotypes de l'accusation classique, le tempérament qui se cabre devant le débat et la personnalité qui, désespérément, avec une mauvaise foi si subtile qu'elle n'ôte pas le sentiment de la bonne conscience, cherche à contredire l'évidente démonstration de l'audience : la preuve de la culpabilité s'évapore. Or, une accusation qu'on a besoin de soutenir est une accusation qu'au contraire on doit laisser tomber naturellement. Il ne faut jamais refermer la main ni l'esprit sur ce qui s'échappe.

Il est inévitable, toutefois, que le conservatisme de la fonction – l'histoire d'une pratique qui, longtemps, s'est essentiellement focalisée sur la nécessité d'obtenir une condamnation – pèse à l'occasion sur la liberté d'une démarche qui se doit de préférer la vérité à la partialité accablante, les évidences, même favorables à l'accusé, aux dissimulations et aux approximations qui serviraient honteusement la cause de l'accusation. J'ai personnellement ressenti, au cours de certaines audiences, cette impression d'être tiré malgré moi vers le bas, d'être pétri d'archaïsme quand je prétendais m'imprégner de modernité. Il faut avoir conscience de ce risque qui vous divise contre vous-même, pour le combattre et le vaincre.

L'idée que je me fais de ma fonction m'expose, j'en ai pleinement conscience, à la critique. Je sais qu'on murmure parfois, dans la salle ou sur les bancs de la presse : « Ça y est, Bilger fait le boulot de la défense. » Cette critique est déplacée. Personne n'a le droit de nous dispenser de la charge et de l'honneur d'avoir à offrir au jury la vérité tout entière. Même pas la défense qui, la plupart du temps, remercie l'accusation d'être honnête, équilibrée, complète, comme si l'accusation avait à féliciter la défense d'avoir été mesurée, sincère et présente ! Il est vrai que le barreau lui-même s'habitue mal à un procès criminel qui ne respecte plus la répartition des rôles, qui considère qu'il n'existe plus de « domaine réservé » pour la défense et qui, par conséquent, brouille les cartes, déplace les lignes et vous sort du champ confortable d'une compétence strictement protégée, pour vous faire entrer dans le domaine de l'imprévisible : celui des grands espaces de la justice, où l'on doit faire plaidoirie de tout. De ma part, il ne s'est jamais agi de la tactique qu'on me prête de vouloir « couper l'herbe sous le pied », d'emprunter l'argumentation de l'avocat pour le gêner, d'aller sur son terrain de manière quelque peu sournoise pour « gagner » autrement qu'à la loyale. Cette exigence de totalité vient naturellement d'un tempérament qui vivrait comme une blessure toute mutilation du réel, comme un échec toute parcellisation. Je n'ai pas le choix. Ou, plutôt, j'ai été condamné à adapter le procès criminel à ma personnalité, de la même façon que j'avais dû le faire, en des temps anciens, avec le procès correctionnel ou l'instruction. Il n'en demeure pas moins que cette démarche a eu, par surcroît, d'heureuses conséquences techniques, puisque développer une argumentation, formuler un questionnement relevant traditionnellement de la défense enlèvent naturellement à celle-ci la chance de pouvoir les exploiter dans leur pureté : pris par l'accusation, leur impact négatif est fortement affaibli et leur portée positive va au crédit de l'accusation. S'il faut aller au fond, sans doute y a-t-il là l'expression d'un orgueil qui ne pourrait pas supporter d'être privé, par les habitudes ou l'organisation de l'audience, du droit à la totalité.

Un réquisitoire, une plaidoirie se construisent dès la première seconde de l'audience, et tombent à plat lorsqu'ils prétendent couronner un très long silence qu'on aurait souhaité chargé de sens. Non seulement par l'intelligence du procès – il faut savoir résister à la tentation d'une présence trop fortement affirmée, c'est le risque le plus fréquent. Non seulement par la qualité des questions que l'on pose et l'intégrité du comportement judiciaire – ne rien dire qui ne soit confirmé par le dossier. Mais aussi par mille petites attitudes qui font qu'on est jugé par le jury avant même qu'on ait ouvert la bouche, pour sa tenue, pour son maintien. Puis, lorsqu'on parle, pour la politesse dont on fait preuve, par la modération du ton, plus généralement pour sa personnalité qui doit savoir aussi bien écouter les réponses que poser les questions. Tous ces signes qui, sans se rattacher directement au judiciaire, l'éclairent et l'embellissent. Le passage du dossier à l'audience et de l'audience au discours qui la clôture est celui d'une unité à un éparpillement et à un éclatement, puis de ceux-ci à une recomposition, à une synthèse, une nouvelle unité. Mille fragments viennent au jour en ordre dispersé sous l'effet de l'oralité des débats. Enfin, la recomposition, la synthèse opérées par le réquisitoire, la nouvelle unité créée par l'audience et son issue rendent à l'histoire sa cohérence. On pourrait aussi parler de l'ordre (le dossier) puis du bienfaisant chaos de l'audience, enfin de l'émergence d'un autre ordre, d'une nouvelle cohérence exprimés par le réquisitoire.

L'audience criminelle n'est pas un long fleuve tranquille. Elle a, elle est une histoire faite de rebondissements, de péripéties, d'interrogations et de réponses, de déceptions et d'espoirs, de vagues certitudes transmuées en vrais doutes, de doutes fragiles reformulés en authentiques convictions, de soirs où l'on se sent défait et de matins où l'on croit deviner. Cette histoire, inutile de prétendre la maîtriser, la dominer, de manière classique, par une sorte d'imperium vulgaire, en voulant lui imposer sa loi de l'extérieur, en prétendant, par décret, figer sa mobilité et ralentir son mouvement. Ou en tentant de la maintenir, coûte que coûte, dans le champ rassurant où le dossier paraissait la clôturer. Ce caporalisme, totalement irréaliste, serait dévastateur. Il ne faut pas que l'avocat général suive une autre route que celle empruntée par les jurés, en prétendant demeurer en un lieu surplombant la scène judiciaire, drapé dans la condescendance, l'absence de doute et la pose d'airain que procure l'éloignement. On ne gouverne le cours d'une audience qu'en s'y soumettant. Comme ces baigneurs pris par les courants appelés « baïnes » qui ne reviennent au rivage qu'après s'être un temps laissés dériver sans lutter contre une puissance qui les dépasse, on vogue sur le flot judiciaire. On croit qu'on est un fétu de paille, alors que, se laissant guider, on guide, semblant être dominé, on domine. D'une certaine manière, si l'intelligence du procès a été à la hauteur de ce qu'elle doit être, le réquisitoire est la conclusion victorieuse de cette apparente défaite – de cette nécessaire subordination au fil des débats.

L'avocat général, au cours du débat et dans son réquisitoire, a souvent trop tendance à vouloir confirmer l'indiscutable et à discuter ce qui n'est plus, en réalité, débattu car faisant déjà l'objet d'un consensus. L'accusation doit se battre sur et contre les doutes et les incertitudes. Questionner sur les doutes et les incertitudes, c'est, d'une part, les dissiper ou les amplifier pour soi-même ; c'est, d'autre part, adopter une démarche qui rejoint directement celle qu'élaborent les jurés en leur for intérieur. On a besoin, comme eux, de savoir. Le débat fournit la réponse à ces interrogations. Ou il les confirme, et c'est l'acquittement. Ou il les détruit, et c'est la condamnation. Une précision : ce n'est pas fuir ses responsabilités que d'affirmer l'existence d'un doute ; c'est même le contraire. Il faut absolument sortir de cette idée reçue que l'avocat général ne serait lui-même qu'en requérant une condamnation. Il est lui-même lorsque, affirmant une innocence ou un doute (ce n'est pas la même chose), il requiert l'acquittement. Sa responsabilité, c'est de dire clairement ce qu'il a compris et ce qu'il veut.

Vient, enfin, le temps de la peine qui, une fois prononcée, échappe à la virtualité rassurante des réquisitions. Si la cour d'assises est un lieu tragique par excellence, c'est qu'elle est, aussi et surtout, le lieu de la peine, qu'elle soit indulgente ou extrême. Longtemps, j'ai éprouvé un malaise devant ce métier qui consiste, le plus souvent, à proposer des peines. Certes, je savais bien que, même nécessaire, la prison n'autoriserait jamais, heureusement, un rapport gai, joyeux et serein avec elle. Mais je m'interrogeais sur ma légitimité sociale, rêvant de ces professions où l'on voit immédiatement le mal que l'on répare ou le bien que l'on prodigue, où l'on s'adonne à la création et à ce qui favorise la réussite et non pas seulement à la gestion d'un échec.

Une certaine inquiétude quant au choix de la peine m'a durablement tenaillé. Elle m'a abandonné, même si n'a pas disparu l'interrogation angoissante sur le quantum. Au point, dans certaines affaires, de ne savoir qu'au début de mon réquisitoire, avec exactitude, quelle proposition répressive je formulerai à la fin. Cette peine est toujours impressionnante quelle que soit sa durée, puisqu'elle est édictée au terme d'un délibéré souvent long, durant lequel douze personnes (quinze en appel) n'ont parlé que de l'affaire et des débats, pesant dans une discussion collective libre et approfondie, le pour et le contre, la culpabilité et éventuellement la sanction. De telle sorte que même la sanction de nature correctionnelle acquiert une portée et une gravité exceptionnelles. Bien qu'elle soit, souvent, peu ou prou conforme à mes réquisitions, j'ai éprouvé longtemps une sensation absurde de honte après l'avoir obtenue. Absurde, car j'ai toujours requis ce que j'estimais devoir demander et qui me semblait juste, refusant comme la peste tout commerce judiciaire, qui consisterait par exemple à requérir « trop haut » pour obtenir un peu moins, me battant *a contrario* en quelques circonstances – et ce n'est pas facile de convaincre sur ce plan – pour démontrer que la peine équitable ne devait se situer ni en dessous ni surtout au-dessus de celle requise. Au moins cela, mais, vigoureusement, pas plus que cela.

Le délibéré criminel peut durer au moins deux heures – j'ai, cependant, connu et pratiqué un président qui revenait, à chaque fois, avec le jury, au bout d'une heure et demie – et souvent bien davantage. Au cours d'une session, le premier délibéré est généralement long pour des raisons techniques, car les jurés apprivoisent une démarche collective qu'ils découvrent. L'attente de l'arrêt peut créer, certes, un sentiment d'impatience, mais ce n'est pas l'impression dominante. Au risque de surprendre, même si le jeu des pronostics bat son plein, je préfère rester dans mon bureau jusqu'à ce que le président me fasse prévenir de la fin des délibérations. Dans cette attente, c'est une sorte d'apaisement confiant qui l'emporte. Je n'ai jamais ressenti, comme avec le jury criminel, la certitude tranquille que les discours de chacun avaient été écoutés et qu'ils étaient, en quelque sorte, entre de « bons esprits ». La sérénité vient aussi du fait que tout, absolument tout, va être pesé, soupesé, passé au crible de l'intelligence et du cœur, dans une contradiction stimulante et une discussion libre. Les présidents demeureront, la plupart du temps, en retrait, même s'ils ont le droit d'exprimer leur opinion et si l'expérience fait qu'on connaît les grandes lignes de leur philosophie, plus favorable à la défense et à l'accusé, ou plus sensible à l'ordre public et à la sécurité.

Il n'existe plus, à Paris et dans la Région parisienne, de présidents qui « manipulent » le jury, selon le reproche souvent adressé par les avocats à la justice criminelle d'avant ou à celle qui, parfois, aurait cours encore dans certains départements. Cette manipulation est frauduleuse, qui consisterait à imposer au jury une sanction qu'il ne veut pas, un quantum qu'il ne souhaite pas ou à éviter un acquittement presque inévitable. Mais il y a, semble-t-il, des « manipulations » de bon aloi qui conduisent des présidents de qualité à éclairer les jurés sur certaines aberrations qui pourraient naître de leur démarche de juges novices – trop haut, trop peu –, et, en ce sens, ces interventions sont les bienvenues.

Lorsque le délibéré criminel se prolonge et que la culpabilité est discutée, on devine que la cour, après avoir répondu positivement à la culpabilité, a abordé la question de la peine. Un étrange climat s'instaure lorsque la cour revient pour rendre son arrêt et que le président – les uns rapidement, les autres avec une minutie et une lenteur certainement stressantes pour l'accusé – en donne connaissance. On entend un chiffre ou, par la réponse « non », on sait que l'acquittement a été voté. C'est un moment intense qui est l'exact correspondant, à la fin, de l'arrivée de l'accusé dans le box, au départ. Le pire, c'est la tenue de l'audience civile juste après le verdict, lorsque, par exemple, une réclusion à perpétuité a été décidée. Le mélange de la douleur ou de la résignation, ou encore de la révolte, avec les chiffres des dommages et intérêts est assez inconvenant. J'ai toujours été étonné qu'il n'y ait pas davantage de tension, voire d'explosions lors de cet épisode civil, quand la chape pénale est tombée lourdement.

L'avocat général sait que, requérant de la prison, il sollicite de la contrainte, de la douleur. Écartons le double extrémisme des obsessionnels de l'indulgence – prêts à tout accepter sur le dos de la société – et des obsessionnels de la répression : toujours plus, toujours plus haut, et tout étant mis sur le même plan infiniment grave. Il y a des malades partout : les sulpiciens et les féroces se retrouvent par le biais de la profonde solidarité qui leur interdit de voir la réalité en face.

Bien sûr, il faut rendre nos prisons moins indignes sur le plan matériel. Leur état est, en effet, très alarmant. Bien sûr, la privation de liberté, mais rien que cela. Bien sûr, il faudrait, pour la majorité de cette population pénitentiaire, instaurer, systématiquement, un service minimal de formation et d'éducation, apprendre à lire, à écrire, raviver des notions oubliées. Bien sûr, il faudrait tenter de créer, au sein des prisons, une approche de la responsabilité, avec une juste conciliation entre la contrainte nécessaire et l'autonomie souhaitable. Il faut, surtout, traiter les détenus comme des êtres humains : respect, politesse, droits et devoirs, faute de quoi, à leur sortie, ils ne se comporteront pas davantage comme des personnes, c'est-à-dire des êtres pour qui autrui aura toujours du sens et du prix.

Je n'ignore pas que les individus envoyés en prison, sur mes réquisitions, par la cour d'assises en sortiront tôt ou tard, plus tôt que tard avec notre système d'exécution mécaniquement minorée des peines. Sans entrer dans une sorte de « victimisation » artificielle du criminel ni dans l'angélisme de la rédemption automatique, c'est à ce moment que le plus dur commence pour eux. Il faudrait créer des tunnels, des sas qui aideraient, immédiatement, ceux qui viennent d'être libérés, après, parfois, de longues périodes d'incarcération, à s'adapter, à se procurer des moyens d'existence honnêtes, à s'organiser par eux-mêmes. Entre la prison et la vie libre, il faut un espace, tragiquement vide aujourd'hui, à l'exception de petites structures scandaleusement dénuées de moyens. C'est dehors que tout se joue, après l'exécution de la peine méritée.

Faisons également un sort aux banalités habituelles sur la prison criminogène, le refrain sur la récidive obligée de ceux qui en sortent, etc. La prison est, peut-être, une école du crime, mais beaucoup de ceux qui y entrent ont déjà plus qu'une vague idée de ce qu'est le délit ou le crime. La prison, pour beaucoup, perfectionne, car elle constitue un bouillon de transgression, un apprentissage commencé en amont. Ensuite, hélas, cinquante pour cent des détenus récidivent une fois dehors. Cela signe-t-il l'échec de la prison qui les a écartés, un temps, de la société ou bien seulement le fait que, pour certains, la liberté et la vie sont criminogènes par les tentations qu'elles offrent et que, s'ils n'avaient pas été mis en prison durant un laps de temps, leur parcours pénal aurait été fortement enrichi ? J'ajoute que des expériences démontrent que la prison – une fois la peine acceptée et reconnue légitime par l'intéressé – peut constituer une chance triste, mais une chance tout de même.

Mon absence d'indignation devant le taux de récidive au sortir des prisons – je suis même étonné de voir qu'une part importante d'ex-détenus ne récidive pas – vient sans doute du fait que je ne suis pas sûr que tout être humain soit perfectible et que, pour ceux qui pourraient l'être, la sanction et la prison soient les instruments décisifs. Pour les détenus qui, retrouvant la liberté, sauront se comporter correctement, c'est leur volonté, leur détermination qui, alliées à l'existence d'un encadrement proche solide, affectueux et sans complaisance, prioritairement, les aideront. Ils se souviendront, certes, de la peine et de la dureté de la vie en prison, mais l'essentiel se passera dans leur être et dans leur tête, après.

Aussi, je ne suis pas scandalisé par le résultat de la prison – par l'état des prisons, oui –, tout simplement parce que, tout en l'estimant nécessaire, je n'attends pas tout d'elle. Les contempteurs de la prison sont, à leur manière, des optimistes et des idéalistes. Ils critiquent la prison comme si elle pouvait tout et, en lui reprochant de ne pas atteindre les objectifs sulpiciens dont ils se bercent, ils ne sont pas loin de rendre hommage, paradoxalement, à la structure pénitentiaire qu'ils rêveraient idéale, ce qui est absurde.

J'ose dire, au risque de me dénigrer moi-même, qu'il y a une rareté d'êtres humains sur lesquels rien, sauf l'usure du temps, n'a de prise. Il est difficile d'accepter un tel constat, car on préfère vivre au milieu d'une humanité, peut-être ici ou là malfaisante, mais qui peut et saura devenir meilleure. Il subsiste un optimisme abstrait dont nos existences ont besoin. C'est comme une respiration qui nous fait du bien et favorise en nous le concept de fraternité humaine : bons ou mauvais, on pourra se rejoindre. Et puis quel bonheur, pour les journalistes, que les explications « sociologisantes » qui donnent l'impression de faire de la philosophie en la comprenant ! Tout vaut mieux que d'affronter de plein fouet son frère, son semblable, en sachant que, criminel ou délinquant, il continuera de l'être pour mille raisons dont la principale est qu'il a envie de l'être et qu'il y trouve son bénéfice (à tous les sens du terme).

Patrick Henry a bénéficié d'une libération conditionnelle que je trouvais parfaitement justifiée et dont je n'envisageais pas qu'elle serait une telle faillite. Le vol, puis le trafic de stupéfiants après, le livre, et, avant, le crime, la délinquance déjà – le découragement devant une destinée qui a bénéficié de chances et qui les gâche avec une constance qui fait réfléchir. Patrick Henry, ce n'est pas l'échec de la prison ni l'insuccès de la libération conditionnelle : c'est la faillite d'un homme qu'on a trop regardé et qui ne portait pas en lui la capacité, l'énergie et la volonté de devenir un autre. Là où Philippe Maurice a réussi, Patrick Henry a échoué. Est-il scandaleux de se demander si, les crimes sanctionnés, des personnalités sont amendables et d'autres, malheureusement, non ? Ne nous leurrons pas, ne soyons pas dupes. Puisque notre justice ne pourrait pas, par ailleurs, « fonctionner » si elle ne se berçait pas de l'illusion que tout le monde peut changer, il lui faut sentir, penser et agir comme si l'humain était naturellement et forcément perfectible. Mais le « comme si » n'empêche pas de regarder la réalité en face.

Cessons de débattre comme si nous ne savions pas l'écart qui existe entre l'humanisme généreux, qu'il faut manifester dans son principe, et les réalités humaines et sociales. Il existera, fatalement, une infime part de l'humanité qui cultivera la transgression et commettra le mal, sans espoir de réversibilité. C'est dur à affronter, parce que nos réflexes judéo-chrétiens nous conduisent à rêver d'une rédemption, toujours possible, et pour tous. Mais on sait bien, au fond de soi, que c'est un rêve. Faire « comme si » ne nous dispense pas d'un devoir de lucidité. Et, par conséquent, ne nous épargnera pas les affres du compromis entre espoir et fatalité, entre l'illusion du bien et la réalité du mal.

« Il est laid d'être punissable, mais peu glorieux de punir », écrivait Michel Foucault. Je me suis toujours demandé pourquoi le consensus d'horreur, qui se forme au contact de l'immédiateté et de la fulgurance du crime, se défait dès qu'il est question d'en tirer judiciairement les conséquences, par la durée de l'enfermement. Le crime, en fait, semble disparaître au moment où il s'agit de sanctionner le criminel. Une fois appréhendée lors du procès, la fulgurance pointilliste et vertigineuse du crime ne laisse plus place qu'à ce qui va advenir du coupable. Comme si le procès lui-même, sans la peine, était déjà une condamnation. Comme si l'attention et la conscience se dissipaient aussi vite que l'impact atroce et urgent du crime pour, en revanche, demeurer tendues vers la prison qui va s'inscrire dans la durée et causer longtemps de la contrainte et de la souffrance. La contradiction apparente entre ces deux temps : celui du crime et celui de la prison, donne cette impression étrange que c'est soit l'un, soit l'autre, alors que l'on sait bien, dans la réalité, que leur alliance est forte.

Pour ne rien dissimuler, l'avocat général lui-même n'est pas à l'abri, parfois, de sentiments étranges qui viennent subreptiiement l'envahir, même après les verdicts les plus justes et nécessaires. Tout dépend de l'attitude de l'accusé lorsqu'il apprend sa peine : révolte, indignation, grossièreté, violence rassurent d'une certaine manière. En revanche, l'accusé tristement résigné ou souriant avec panache, comme un chevalier, laisse des traces car on est presque obligé d'admirer, dans les deux cas, la force d'âme. Je me souviens d'une affaire Abitbol, jugée en novembre 2002. L'accusé avait tué sa fille de six ans et, sur mes réquisitions, il a été condamné à vingt-cinq ans de réclusion parce que j'avais estimé, contrairement à la partie civile qui avait réclamé la perpétuité aux jurés, qu'il n'était pas totalement équilibré. Philippe Abitbol a souri en entendant l'arrêt, a salué son avocat et il est reparti en prison. Je ne sais ce que sera son sort futur, mais, dans cette apparente désinvolture, il y avait comme une allure qui, ne faisant pas oublier le crime, obligeait à penser aux vingt-cinq années qui l'attendaient, ce qui n'était pas loin de créer comme un sentiment de pitié, en dépit de tout. Autrement dit, même la totale coïncidence entre un crime odieux et la sanction qu'il mérite laisse venir à la conscience quelque chose qui semble reprocher à la justice, qu'on a pourtant voulue, d'avoir été impeccable et, comme il convenait, implacable. L'être, même le lendemain du procès parfois, sort tôt ou tard de la gangue où l'appareil judiciaire l'avait enfermé. On doit accomplir son devoir et pouvoir être triste, une seconde, de cet accomplissement...

Il n'empêche : le crime, dans son immédiateté et sa fulgurance, laisse dans le cœur des familles des traces et des souffrances aussi ineffaçables que l'enfermement, légitime, du coupable. Mais ces traces et ces souffrances accablent des innocents. D'autre part, opposer le crime au criminel, combattre l'horreur de l'acte par la souffrance durable infligée à celui qui l'a perpétré pourraient laisser penser qu'on a le choix, qu'on aurait, par exemple, un autre moyen que l'enfermement à vie pour préserver la société de certains agissements et de certains êtres. Lorsqu'on éprouve la certitude absolue qu'une libération trop rapide entraînerait de nouveaux crimes, peut-on faire autre chose, en toute conscience et dans les limites de la loi, que de requérir une peine qui préviendra ce risque ?

Il me semble que là réside la faiblesse du discours intelligent et généreux de l'Observatoire international des prisons (OIP) : ne jamais vouloir examiner la contrainte forte que fait peser sur les esprits la certitude du renouvellement d'actes odieux, contrainte qui altère évidemment la croyance de principe qu'il faut avoir en l'être humain, même le pire. Certes, sur ce plan, il convient de faire des prisons des lieux d'enfermement décents parce que l'enfermement, décidé par un jury, n'est jamais indigne, si les conditions de la réclusion le sont parfois. Il faut éviter que dans le prisonnier, on ne voie plus d'abord le coupable qui purge sa peine, mais seulement l'homme qui souffre, selon la belle formule employée par maître Henri Leclerc lors du procès de François Besse[1].

Force est d'admettre que certains procès, à cause de l'horreur accablante des faits, laissent pressentir d'emblée ce que sera la sanction finale, dans son extrémisme obligé. Cela n'enlève rien à la mission de l'accusateur. Dans une audience, il y a mille petits procès à gagner avant d'emporter la conviction décisive ou, si la cause est évidemment entendue, sur le plan de la peine.

Pour clore ce chapitre, je voudrais répondre à une question qui m'est souvent posée : l'avocat général ne formule qu'une

1. Voir chapitre 13.

proposition, le jury reste souverain. Dans ces conditions, le ministère public pourrait-il être sérieusement mortifié lorsqu'il n'est pas suivi ? L'opinion prévalant dans notre milieu me semble incohérente, qui ne reprochera jamais à un avocat général de n'être pas suivi si la peine est plus indulgente que ce qu'il avait demandé, mais qui l'accablera s'il est dépassé. Comme si, dans tous les cas, l'extrémisme par le haut était le seul qui soit attendu de lui. Alors que requérir, par exemple, quinze ans et entendre prononcer un arrêt de cinq ans représente un défaut de lucidité au moins aussi grave, et pêche sûrement contre l'intelligence. Il ne faut pas avoir honte des peines que l'on obtient lorsqu'on a pu et su proposer aux jurés, dans leur globalité équitable, tous les éléments résultant des débats qui rendent la proposition de peine presque évidente. S'il y a des peines qui déchirent, il y a beaucoup de peines qui rassemblent. L'étrange fraternité de la cour d'assises ne permet à personne de demeurer en repos.

5

Le procès de Bob Denard

ou l'acquittement du « chien de guerre »

(4-19 mai 1999)

Acquittés ! Bob Denard et Dominique Malacrino ont été acquittés par la cour d'assises de Paris, devant laquelle ils avaient comparu en mai 1999 pour l'assassinat du président de la République islamique des Comores, Ahmed Abdallah, commis dans la nuit du 26 au 27 novembre 1989. Le 5 novembre, un référendum controversé avait confirmé ce dernier, âgé de soixante-douze ans, à la tête de l'archipel. « Le peuple tient à moi », affirmait-il à qui voulait l'entendre... La France, ancien pays colonisateur, verse alors de généreux subsides aux autorités de Moroni, et une visite de François Mitterrand est envisagée en 1990. L'Afrique du Sud, époque apartheid, est, quant à elle, fortement soupçonnée de financer la garde présidentielle, commandée par Denard. Bref, l'assassinat d'Ahmed Abdallah est un crime de sang dont les conséquences ne sauraient être circonscrites aux Comores.

Un parfum d'épopée flotte autour de l'ancien mercenaire. Sa vie hors du commun, faite de coups tordus mais aussi d'un certain sens de la fidélité – dans le privé comme sur les terrains d'opération –, a de quoi retenir l'attention des jurés comme de l'avocat général. Le président Yves Corneloup, lui, semble totalement fasciné par les hauts faits des « chiens de guerre », au point de manipuler pendant l'audience, avec une délectation visible, une Kalachnikov qu'il avait fait retirer de la vitrine des pièces à conviction.

Les faits jugés sont anciens, les témoins, pour beaucoup, favorables aux accusés, les éléments matériels peu nombreux – ni autopsie ni expertise balistique – et Bob Denard se montre intelligent, parlant clair dans les limites imposées par son code de l'honneur personnel. Les assises naviguent aux confins du coup d'État et de la géopolitique occulte. Bref, les débats ne sont pas toujours d'une parfaite luminosité.

Au cours de mon réquisitoire, j'ai proposé ma version de la mort du président Abdallah. « Jusqu'alors, ai-je soutenu, Denard était dans les histoires des autres, et à leur service. Aux Comores, c'est lui qui fait l'histoire (...). Hélas, le monde est en train de changer et il se retrouve seul, se sent floué, dépossédé. » Dans la nuit du meurtre, je voyais « un vaudeville grotesque et dramatique, du Machiavel ou du Shakespeare revisité par Agatha Christie ».

Mais le vaudeville a un prix quand le sang a coulé : j'ai donc réclamé de douze à quinze ans de réclusion à l'encontre de Bob Denard et de son compagnon de box. La défense, par les voix de maîtres Jean-Marc et Alexandre Varaut, le père et le fils, pointera ensuite les lacunes de l'enquête, l'insuffisance des témoignages à charge, l'ancienneté des faits : « Jamais je n'ai vu une aussi grave accusation reposer sur des indices aussi faibles, ou plutôt une telle absence de preuves », a tonné maître Jean-Marc Varaut. Le jury, sensible à ces arguments, prononcera un double acquittement.

Pendant les deux semaines de débats, face à un accusé doté d'une personnalité riche, je me suis très bien entendu avec Bob Denard. J'étais même le seul qui pouvait lui faire dominer des mouvements d'irritation, voire s'excuser de propos à la limite du racisme adressés aux avocats des parties civiles. Mais on sentait, chez lui, une résistance à nous dire la vérité tout entière. Cette résistance, il aurait peut-être été possible de la briser, mais il aurait fallu engager le procès sur d'autres voies.

Pour être clair, il m'a semblé que donner un tour systématiquement politique et historique aux débats, comme l'a fait le président Yves Corneloup, a davantage servi les intérêts des accusés que cela ne leur a nui. Ils pouvaient ainsi rester plus confortablement dans une sincérité relative, offrir au jury leurs personnalités sous un jour choisi, et se prévaloir de nombreux témoignages favorables à leur cause. Lesquels disaient en substance : la France a toujours soutenu Denard et ses hommes aux Comores.

Cela n'a toutefois pas provoqué, chez moi, par compensation, une volonté d'accuser plus durement Denard et Malacrino. Je ne peux pas dire que j'étais mû par un quelconque acharnement judiciaire, compte tenu du fait que le crime était très ancien, et qu'il avait été perpétré dans un contexte dont nous ne pouvions plus appréhender toute la portée si longtemps après, et si loin des Comores. Je percevais que nous nous trouvions au bord d'une vérité que nous n'arriverions pas à démontrer. Techniquement, les débats ne nous fournissaient pas une lumière indiscutable, faute de preuves matérielles, d'analyses médico-légales ou balistiques.

De mon point de vue, les accusés voulaient tout simplement faire un coup d'État pour pérenniser de manière officielle leur contrôle officieux sur les Comores, alors que le président Abdallah était sur le point de les désavouer. Certes, ils ont échoué, puisqu'ils ont dû quitter Moroni quelques semaines après la mort du chef de l'État, vraisemblablement « lâchés » par Paris. Denard, lui, soutenait que le président avait été tué par un garde du corps dénommé Jaffar, lequel, croyant à tort que le mercenaire menaçait son patron, aurait voulu le supprimer d'une rafale de mitraillette. Mais Denard s'était baissé, et Abdallah avait reçu les balles mortelles. Jaffar était à son tour tué par Jean-Paul Guerrier, *alias* « Capitaine Siam », qui aurait été jugé avec ses deux anciens frères d'armes s'il ne s'était trouvé en cavale. Dans les deux cas, on se serait cru dans le scénario d'un médiocre film d'action.

Si l'audience s'était achevée comme elle avait commencé, j'aurais dû requérir l'acquittement, ma conviction étant insuffisante et la preuve du crime trop médiocrement rapportée. Mais, la veille de la clôture des débats, un témoin comorien important a livré une version des faits qui dissipait, à mon sens, une grande partie du mystère. En particulier sur la manière dont les actes avaient été accomplis. Malheureusement, les avocats des parties civiles n'avaient pu faire venir ce témoin capital beaucoup plus tôt. Les débats, par conséquent, n'ont pas été consacrés véritablement à cette version de la mort du président Abdallah, qui m'apparaissait non seulement véridique, mais aussi compatible avec l'attitude à la fois sincère et retenue des accusés à l'audience. Fort de cet élément nouveau, j'ai construit mon réquisitoire sur ce qui était apparu, sans sous-estimer le caractère tardif de mon interprétation au regard de l'essentiel du procès.

En dépit de mes réquisitions sévères, je n'ai pas été surpris, en raison de ce que je viens d'évoquer, par l'acquittement de Denard et Malacrino. Ce verdict ne m'a pas paru scandaleux par rapport aux règles ordinaires de la justice. Le parfum d'exotisme qui flottait sur les débats avait sans doute rendu les faits, aux yeux des jurés, sinon excusables, en tout cas moins brutalement réels, et l'âge de Bob Denard (soixante-douze ans en 1999) aurait, en outre, rendu une quelconque exaspération de ma part inélégante. Soyons clair : je ne discute aucune des décisions qui ont été rendues par la cour d'assises et, jusqu'à ce jour, je n'ai pas interjeté d'appel principal. Il est fondamental de rappeler que je crois à l'autorité de la chose jugée, qu'il y ait acquittement ou condamnation. Je refuse le comportement de l'avocat général qui irait se battre contre vents et marées pour démontrer, extra-judiciairement, qu'on lui a donné tort, mais qu'en réalité il avait raison, comme le font certains avocats. Lorsque dans l'affaire Choukroun – gardienne de la paix assassinée sur le périphérique –, l'un des accusés, Marc Petaux, a été condamné à Paris, à la suite de mes réquisitions, et qu'il a été acquitté en appel à Créteil, je n'ai pas songé une seconde à protester. Mais j'ai lu avec beaucoup d'intérêt l'entretien qu'il a accordé le lendemain au *Parisien* pour se féliciter du « bon » jury populaire et des excellents magistrats – sauf, bien sûr, mon ami l'avocat général Pierre Kramer – qu'il avait eu la chance de rencontrer dans le Val-de-Marne.

Pour en revenir à Bob Denard, j'avoue que j'ai été séduit par le personnage. Au cours de sa vie aventureuse, il a connu un certain nombre de femmes, eu plusieurs enfants. Il a toujours suivi le parcours de ces derniers, téléphonant pour prendre de leurs nouvelles, même quand il se trouvait dans les endroits les plus reculés. Il a fait admettre à ses compagnes une attitude amoureuse faite d'instabilité mais qu'elles lui pardonnaient, parce qu'elle ne dissimulait rien. On se dit parfois, face à des accusés de cette trempe, qu'on aurait aimé les voir emprunter des chemins plus classiques, qui les auraient sans doute portés au faîte de la réputation sociale. Il y a, chez Bob Denard et chez d'autres, comme un superbe gâchis.

Si j'en avais eu la possibilité à l'époque, je n'aurais tout de même pas fait appel au nom du parquet général. Lorsque le verdict a été rendu, je suis allé dans la salle d'audience. Les proches de Bob Denard, notamment deux de ses enfants, m'ont confié qu'ils avaient apprécié mon réquisitoire, estimant que j'avais exercé mon métier dans l'honneur, sans dégrader l'image de leur père. J'ai gardé un souvenir très précis de ce procès, parce que, au-delà de son aspect judiciaire, j'ai compris combien il pouvait être passionnant de pouvoir nouer, jour après jour, une relation forte avec un accusé. Une relation faite d'affrontements, de convictions, mêlés d'une forme de respect. Il me semble que Bob Denard a éprouvé une sensation similaire puisque, peu après son acquittement, il a indiqué dans un entretien au *Figaro* que la seule personne qu'il aurait aimé rencontrer était l'avocat général. J'ai considéré ce propos comme une forme d'hommage à une fonction exercée honnêtement et avec sincérité. C'est d'ailleurs cette approche qui explique, de manière générale, l'absence de haine des accusés à mon encontre. J'aime beaucoup cette formule de Jean Genet, qui indique ce qu'il ne faut jamais faire à l'audience : « Je ne me moque jamais, j'ai trop à faire d'aimer ou de haïr. »

Bien sûr, de la part d'un avocat général qui se trouve en position de force, en statut d'autorité, la moquerie ou la haine peuvent venir si facilement nourrir un discours, un questionnement ! Surtout la dérision qui, par l'ironie et le mépris, vise à rabaisser encore davantage celui que la situation a déjà fortement abaissé, à intimider plus gravement l'accusé déjà transi d'angoisse, en tout cas jamais serein devant ses juges. C'est rendre le rapport encore plus inégal et saper les fondements d'un véritable dialogue judiciaire. Qu'on le veuille ou non, c'est d'abord en instaurant dans la solennité du procès la possibilité d'échanges aussi naturels et spontanés que possible, avec une forme de courtoisie pas très éloignée que celle que connaît la vie libre, que la vérité, l'élucidation de soi et l'assomption de la douleur des victimes peuvent se faire jour. De là vient sans doute cet étrange respect que, en dépit du crime, on éprouve pour un accusé qui sait rester debout et met de la tenue dans ses aveux comme d'autres, parfois, dans leurs protestations d'innocence ou leurs dénégations. Il y a des accusés qui paraissent, de toute éternité, faits pour la cour d'assises, et d'autres qui, malgré les crimes, paraissent étrangers à l'instance qui va les juger et, peut-être, les accabler.

Certains, avant même l'arrêt qui va les condamner, semblent avoir été condamnés par le destin, par toutes les circonstances de leur vie. Quelques-uns, au contraire, ne sont pas loin de résister à tous les verdicts. Bob Denard, à l'évidence, appartenait à cette dernière catégorie. Combien de fois ai-je éprouvé qu'en deçà de l'histoire officielle de l'audience s'en déroulait une autre qui aurait mérité d'autres développements et un autre lieu. Il existe un dialogue auquel l'arrêt met fin, il y en a un autre, probablement interminable, en tout cas impossible, dont j'ai souvent la nostalgie. La condamnation de l'accusé Denard m'aurait satisfait. L'acquittement de l'homme Denard ne m'a pas déçu.

6

Le métier de la parole

Petit traité de l'« éloquence-pouvoir »

Enfant, je ne me suis pas rendu compte tout de suite que j'avais le goût de la parole. Les rapports que j'entretenais avec les membres de ma famille, mon père notamment, étaient empreints de timidité. Par contraste, dans certaines circonstances – je pense à des discussions avec mes frères –, je compensais cette réserve par une libération de la parole qui pouvait aller jusqu'à de véritables joutes verbales. Mais je n'imaginais pas que j'exercerais un métier aussi intimement lié à la maîtrise du langage. Je n'étais pas, par ailleurs, un élève particulièrement doué pour la récitation. Il y avait, dans mon expression, quelque chose de sauvage, de non apprêté, de râpeux, allié, cependant, à un certain culte de l'esthétique. C'est sans doute ce dernier qui m'a conduit à nourrir une véritable passion pour la culture gréco-romaine. Pour autant, je me sens profondément imprégné, dans tous les compartiments de ma vie privée ou professionnelle, d'une sorte de rusticité civilisée. Je célèbre une espèce de paysannerie de caractère qui me porte à apprécier les choses et les gens simples, pour peu que cette inclination s'inscrive dans une forme qui la valorise. Je déteste le « parisianisme » qui, trop souvent, donne un tour distingué et condescendant à la bêtise. Le tour à la fois subtil et brutal de ma nature que d'aucuns ont décrit n'est pas faux !

Lors de mes études de droit, j'avais dû jouer à l'avocat et prononcer une plaidoirie. J'ai, alors, ressenti une impression qui m'est restée : un immense stress, lié à l'irruption d'une évidente timidité. Mais le surmonter a constitué une joie intense, en ce sens que cela représentait un exercice de volonté, une forme d'ascèse. En ce sens aussi, probablement, que mon intuition se confirmait : j'avais sinon du talent, du moins du goût pour l'oralité. Depuis, je me projette toujours avec passion dans la moindre parole, à travers un discours lyrique, intensif, très subjectiviste. Je me reproche, aimant trop la structure et l'ordre du langage, d'être inapte au léger laisser-aller qu'exige la familiarité.

Je sais, toutefois, qu'une forme d'éloquence m'échappera définitivement : celle que je qualifierais de « classique », ou de « neutre », et qui m'inspire une réaction ambivalente : je ne l'apprécie guère, tout en enviant, quelque peu, ceux qui la maîtrisent. Il existe une « éloquence-pouvoir » et une « éloquence-partage ». Cette dernière met en œuvre une parole destinée à réunir, à convaincre les autres, en ne plaçant pas nécessairement l'orateur en position de domination. C'est l'éloquence de l'« honnête homme », dans l'acception classique du terme. Elle vise à entraîner insensiblement, doucement, l'auditeur dans le lieu intellectuel qu'on souhaite le voir rejoindre. Elle pèse peu, elle insinue, elle persuade. Elle perd en force ce qu'elle gagne en séduction.

L'« éloquence-pouvoir », c'est autre chose, une arme dont l'emploi me paraît infiniment plus jouissif – quoique le problème du choix ne se pose pas dans la mesure où, à mon grand désagrément, c'est la seule que je sache utiliser. Avant même d'emporter la conviction, je ressens ce plaisir infini de tenir, sous le joug de la parole, une collectivité dont les éléments singuliers ne vont plus faire qu'un. D'un côté, je surmonte une évidente retenue, de l'autre, simultanément, je ne vois plus en face de moi qu'un seul visage, un seul regard. Je garde constamment à l'esprit le fait que je m'adresse à toute l'assemblée, public et journalistes compris. J'adore, par-dessus tout, l'exercice de l'intelligence, cette suprême liberté qu'apporte le maniement du langage. Le mot est une arme. Je suis attentif au risque qu'une telle passion peut faire naître la pensée en vous égarant dans des sophismes. La stratégie de conviction qu'implique la cour d'assises est, sur ce point, un formidable « garde-fou ». On pourrait dire que l'éloquence, c'est, d'abord, l'intelligence du fond. Il y a une densité de la substance, une puissance du contenu qui portent, inéluctablement, la parole vers la forme qui l'habillera le mieux.

J'apprécie, intensément, ces instants très particuliers, lorsque chacun, dans la cour d'assises, écoute mon réquisitoire. Moi, je ne m'écoute pas parler, sauf quand je faiblis (s'écouter requérir, comme s'écouter tout court, c'est de la complaisance et, de surcroît, c'est improductif !). Il y a, toujours, dans un réquisitoire d'une heure, une heure et demie, de petits tunnels qu'il s'agit de franchir. Une fois au bout, ça repart ! Je sais que j'ai une manière de scander qui m'éloigne fatalement de la simplicité qu'appellent certains sujets. Pour ce qui est du volume, je dirais que la passion intellectuelle influe sur la force de la voix, au risque qu'on me prête faussement de la violence. J'aime énormément le moment où l'on jette les premiers mots et où le bruissement de la foule fait place à un silence absolu. Qui vous attend, vous espère, vous contredira peut-être, mais qui vous écoute.

J'ai, également, pleinement conscience d'être doté d'une voix très typée, au timbre reconnaissable, et d'un cheveu sur la langue. Lorsque j'ai l'occasion d'écouter ma parole enregistrée, l'accent alsacien, qui demeure, me perturbe. Mais ce n'est rien à côté des émissions de télévision auxquelles j'ai participé et que je ne regarde jamais, même quand il n'y a pas un match de football sur une autre chaîne, ou un CD de Johnny à écouter ! Cela veut dire évidemment que je n'aime pas m'entendre à cause, à la fois, de mon défaut de prononciation et d'une sorte de martèlement lourd et trop appuyé de ma voix.

Un jour, m'ayant écouté à l'audience, un journaliste de *Libération* (il a, depuis, rejoint *Le Monde*) qui est devenu un ami,

Franck Johannès, avait parlé du procureur Bilger « qui avait une dent contre X et un cheveu sur la langue ». Je m'étais senti humilié, même si le trait d'esprit m'avait amusé. Plus tard, j'avais pu en parler avec lui et il m'avait donné l'impression de comprendre mon irritation. Les choses ne se passent pas toujours d'une manière aussi simple, et j'avoue que mon caractère n'est pas systématiquement résigné. Le matin d'une émission de Mireille Dumas programmée pour le soir et consacrée à Patrick Henry, qui avait été enregistrée quelque temps auparavant et que les journaux avaient donc pu visionner, je lis l'article d'annonce d'une journaliste de *Libération*, Jacqueline Coignard, que je n'ai jamais rencontrée. Elle évoquait le caractère peu profond de mon intervention à cause de mon affirmation « que la part irréductible de mal dans certaines personnalités » renvoyait à un échec humain plus que pénitentiaire. Mme Coignard poursuivait en parlant du « zézayant Bilger ». L'absurdité blessante de cette notation, dans un tel article, m'a conduit à écrire à la journaliste, pour la remercier d'avoir informé ses lecteurs de cette nouvelle fondamentale que les téléspectateurs allaient découvrir le soir même. J'ajoutais que j'étais impatient de la rencontrer pour atteindre les sommets qu'elle affectionnait : était-elle moche, petite, mal foutue, etc. ? Évidemment, je n'ai pas eu de réponse. Tout cela pour indiquer que je ne tends pas, à tout coup, l'autre joue, et qu'il y a des journalistes minables, même à *Libération*.

Cette particularité, ce défaut de prononciation, je les vis comme un handicap qui, un trait de temps, détourne mon attention de l'essentiel. Très vite, dans le mouvement de la parole, je les oublie. À l'audience, dans le feu des débats et la passion des réquisitoires, je n'y pense pas. Je n'ai pas choisi un métier de parole pour compenser cette imperfection. Je dois, au contraire, dominer cette légère entrave pour communiquer et convaincre, selon la vision chrétienne traditionnelle que « le chemin est beau parce qu'il est difficile ». J'aurai toujours ce petit caillou dans le soulier de mon éloquence. Qu'on me fasse la grâce d'oublier celui-là au profit de celle-ci, c'est tout ce que je souhaite.

Ce n'est pas tant la voix que les mots qui comptent, à l'heure où il s'agit de proposer une peine à l'encontre d'un accusé. Une parole s'échappe de soi, convainc, emprisonne les esprits. Lorsque le silence de l'avocat général succédera à son discours, il restera des traces de ce dernier dans le cœur et l'esprit de l'auditoire. Faut-il s'inquiéter d'être ainsi apparu, pendant quelques minutes, comme le gouverneur légitime, le dictateur heureux de la pensée des autres ? Je ne le crois pas. L'éloquence est embellie par la passion de persuader. Pour convaincre, il faut que la personnalité, l'être de celui qui parle donnent l'impression de s'offrir avec modestie au jugement des autres. Il faut se placer clairement au milieu d'eux, à la recherche d'un véritable lien de fraternité d'où ne transparaît ni supériorité, ni infériorité, ni étrangeté. Quel juré sensé se laisserait suborner par quelqu'un qui le méprise, le flatte ou cherche à le désorienter ? L'« éloquence-pouvoir » est obligée tout de même de fraterniser – j'insiste : pour convaincre – avec ceux que les mots pourraient, *a priori*, terroriser. Rien de pire, en définitive, que ces éloquences vides, purement formelles, qui cheminent de manière parallèle à l'exigence de conviction sans jamais, bien sûr, la rejoindre.

Le pire, sans hésitation, consisterait à requérir « sous la ceinture », en imaginant ce que pourraient souhaiter entendre des esprits vulgaires. Il s'agirait de flatter les appétits les plus vils sur un fond d'absolue démagogie. Montherlant a écrit que « celui qui abaisse est bas ». Or, pour conduire un jury vers le haut, il est crucial de considérer que ses membres sont capables de comprendre un discours qui les tire vers le haut. Pour moi, rester simple, accessible, proche, ne signifie pas qu'il convient de s'abandonner au populisme le plus médiocre. Le peuple qui juge mérite mieux que cela. Raison supplémentaire pour ne pas adapter le contenu du réquisitoire en fonction de l'auditoire. Je dirais la même chose à Paris ou à Bobigny. Je sais qu'il y a des différences de niveau intellectuel entre les jurys, mais elles sont trop impalpables pour qu'il soit possible d'en tirer des conséquences et d'en jouer. Le style d'éloquence et la personnalité judiciaire que je propose correspondent profondément à ce que je veux et à ce que je crois : il n'est pas besoin de les adapter à l'aune de je ne sais quels critères de réceptivité. Ce que j'ai la volonté d'offrir à l'audience est le meilleur de ce que je puis faire. J'essaye d'imposer dans la douceur une sorte d'humanisme vigoureux qui ne s'ajuste pas.

Par surcroît, toute stratégie de conviction est incompatible avec un mépris affiché ou même vaguement apparent, latent, que l'on décèle chez certains. Car même s'il est enfoui profondément, ce mépris se sent. Là, réside souvent la faiblesse de plaidoiries qu'il m'est donné d'entendre, prononcées par des avocats qui considèrent comme un pensum d'avoir à convaincre un aréopage qu'ils jugent indigne de leur personne. J'éprouve, moi, une jouissance forte à me placer au cœur du sentiment populaire. Je pourrais, d'ailleurs, être tenté de pousser un peu trop loin cette cohabitation, vers un populisme intellectuel ou judiciaire, ce dont je m'efforce de me garder. Mais j'aime me plonger, aux côtés des jurés, dans une histoire compliquée, dans le maquis du réel dont je suis chargé d'indiquer le sens, à la fois immergé et à distance, solidaire et solitaire.

Qui dit maquis dit aussi doutes, hésitations. Je crois que l'avocat général, en tout cas en fin de débat, doit être un homme de certitude absolue, au moins sur le plan judiciaire. Mais on peut mettre ce que l'on veut dans le champ de cette conviction qui va servir de base à l'éloquence-pouvoir que je pratique. Il peut exister une conviction sur la culpabilité de l'accusé, une fois que les doutes ont été chassés. Ou bien, au contraire, je peux avoir la certitude qu'un doute subsiste. Le catastrophique, ce serait de traîner des doutes sans en tirer de conséquences positives ou négatives : l'accusation, alors, s'effilocherait. La certitude s'applique à tout, de la culpabilité à l'innocence en passant par le doute. Une forme d'affirmation n'a de sens que par rapport à sa négation en creux : la nuit n'existe que comparée au jour. Le grand avocat général n'est pas celui qui participe aux débats sur la foi des certitudes acquises, mais celui qui se place dans la tête des jurés et travaille sur les doutes et les incertitudes. Personne, dans le prétoire, n'a la science infuse. Tout le monde doit donc travailler, depuis la première seconde des débats jusqu'à leur clôture, dans le champ de l'indéterminé. Le discours de l'avocat général est nourri par l'attitude que le magistrat aura adoptée tout au long de l'audience. Le réquisitoire et la peine tombent alors comme une évidence, comme le fruit mûr du haut de l'arbre. Dans une audience, on démêle très vite ce qui est admis et semble acquis, de l'incertain et de l'encore discuté sur lesquels il convient de travailler.

Sans doute parce qu'ils sont dictés par une évidence judiciaire et intellectuelle mûrie par les débats, je n'écris jamais mes réquisitoires – et, par conséquent, je ne les lis pas. En revanche, pendant les débats, je note tout ce qui se dit et, simultanément, je pense au réquisitoire. J'essaye d'avoir toujours dans la tête une articulation très claire, tout en privilégiant la spontanéité, la sincérité, quitte à payer une petite rançon d'imperfection...

« Comment préparez-vous votre réquisitoire ? » C'est la question qui, sans doute, m'a été le plus souvent posée par les profanes. La réponse n'est pas évidente qui oblige à faire référence à un travail intime, à une maturation presque effectuée à votre insu, au cours des audiences, à une articulation qui se met progressivement en place, à une agitation incessante des pensées lors du procès et en dehors de celui-ci. L'élaboration d'un réquisitoire, je l'ai dit, commence judiciairement dès la première seconde du débat. Intellectuellement, on peut le soutenir sans paradoxe : vous n'organisez pas tant la création de votre discours que vous n'êtes conduit par celui-ci à emprunter les chemins qu'apparemment et secrètement, l'histoire de l'audience a ouverts. Cependant, la veille du réquisitoire – si vous êtes appelé à le prononcer le matin – ou dans la matinée si le début d'après-midi vous verra soutenir l'accusation, il faut bien tenter de mettre sur le papier les éléments qui semblent importants. Pour ma part, j'ai tout essayé avant de me résoudre à utiliser ce procédé. Je n'évoque là que la construction officielle du discours. Qui peut dire la part, dans celle-ci, de toutes les maturations officieuses, des moments non judiciaires où la pensée arrive à se colleter avec elle-même en dessinant les mille possibilités d'une réalité encore non déterminée ?

Je n'écris rien. Sur une feuille, je note le plan auquel je vais subordonner mon discours, d'une manière très schématique. Par exemple, si j'ai envie d'aborder la passion dans un couple, je mentionne « passion », et c'est tout. J'attache une grande importance au déroulement logique des différentes phases même si, il faut bien l'admettre, la structure lourde demeure, peu ou prou, toujours la même : la vie, les faits, la victime, la proposition de peine (à laquelle je consacre de plus en plus de temps). J'essaie de me défier du travers – j'y ai succombé parfois – de la complexité dans le plan, quand la simplicité est évidemment, presque toujours, la meilleure solution. Par ailleurs, sur une autre feuille, je mentionne les dates, les lieux, la chronologie – données qui structurent un discours, lui donnent une armature. Je m'efforce de mémoriser tout cela. Enfin, je m'étais persuadé qu'en notant, avec un feutre rouge, tout ce qu'il ne fallait absolument pas oublier, j'avais trouvé le moyen magique d'éviter, à la fin du réquisitoire, le sentiment désagréable d'avoir omis du dérisoire ou de l'important mais qui, à ce moment précis, quand la lassitude vous accable, est perçu comme de l'essentiel. J'ai vite déchanté. En réalité, dans l'improvisation du discours et l'invention passionnée des arguments, dans l'exercice exaltant de la maîtrise d'un langage qui, à la fois, doit atteindre un but et demeurer spontané, tout est battu en brèche et les sécurités installées précautionneusement en amont s'effondrent.

La réaction des jurés à mes interventions n'a de sens qu'à travers l'arrêt qu'ils rendent, lorsque tout le monde a parlé, la défense ayant le dernier mot comme le veut la loi, mais je ne suis pas loin de penser que c'est une chance pour l'accusation « globale » de parler avant elle. Ils me glissent, parfois, des appréciations flatteuses. Mais je sens souvent de leur part une forme d'étonnement, en réaction à l'image d'Épinal de l'avocat général, individu impitoyable qui se présente aux assises avec un couteau entre les dents. Or, je crois qu'ils découvrent un homme qui n'abandonne pas l'équanimité à la défense, et qui considère que la justice n'est pas un jeu de rôles. Malgré la robe rouge et l'hermine, malgré l'éloquence mise souvent au service d'une proposition de peine, cet homme s'attache à leur proposer une vision complète d'un dossier qu'ils sont les seuls à ne pas connaître avant de s'asseoir, de part et d'autre du président. Ma stratégie de conviction part du principe qu'avant le réquisitoire les jurés se trouvent, la plupart du temps, sur le sable de l'incertitude absolue. Ils attendent que l'avocat général dissipe le brouillard, car s'il en est un, ici, dans l'enceinte de la cour d'assises, qui ne peut à la fin s'abriter derrière des hésitations, c'est lui. Il lui appartient de fournir une clé et donc, de mon point de vue, il ne peut pas ne pas se prononcer comme on l'a vu, au printemps 2002, au troisième procès de Patrick Dils qui s'est achevé sur un acquittement. J'ai un collègue, Hubert Dujardin, que j'ai déjà évoqué, dont la rigueur est telle qu'elle en devient presque glaçante, dont la rectitude atteint des sommets peut-être trop élevés. Il m'a dit un jour qu'il en était arrivé au point d'hésiter à requérir des peines, car il estimait que sa responsabilité était trop grande vis-à-vis du jury. Ce sentiment n'est pas absurde. Mais j'estime qu'à partir du moment où l'avocat général a choisi sa proposition de peine, il n'a pas à se réfugier derrière une forme d'irresponsabilité, ni à rougir de sa proposition. Je n'ai de toute façon plus honte des peines que j'obtiens et, au moment du verdict, j'essaye de regarder fixement l'accusé. C'est le moins que je puisse assumer. Dans ces yeux-là, je n'ai jamais vu de haine, sans doute parce que j'essaye toujours d'être respectueux, même si je me montre sévère à l'occasion. Le plus dur à supporter, c'est la sorte de résignation triste que je décèle parfois. Mais il est un instant souvent très instructif : celui où l'accusé se retrouve seul quelques minutes avec ses avocats, à la fin de l'audience pénale. Le verdict vient d'être prononcé, l'audience civile va bientôt débuter. Dans cet entre-deux, l'accusé est, souvent, dans un état qui ne me laisse pas redouter qu'une erreur judiciaire vient d'être commise. J'avoue trouver cet instant rassurant.

J'ai parfois le sentiment que la sanction est déjà proposée par l'ensemble de mon discours. La proposition de peine n'est pas le moment que je préfère, contrairement à d'autres avocats généraux qui considèrent cette étape comme le couronnement de leur intervention. Pour moi, elle marque même une légère dégradation par rapport aux étapes précédentes, autrement plus stimulantes : la compréhension, l'explication et l'élucidation. C'est sans doute aussi la raison pour laquelle la relation des faits n'est pas ma phase préférée. C'est un peu le « la marquise sortit à 5 heures » de Paul Valéry, appliqué au judiciaire. L'événement brut, si je ne peux l'éclairer de l'intérieur, n'est pas loin de m'ennuyer.

Il n'est pas impossible, finalement, que l'on puisse retrouver dans mes réquisitoires la marque de cette contradiction singulière qui signe ma personnalité et que certains supportent mal, m'accusant de rechercher le paradoxe, le contre-pied à tout prix. C'est même plausible, dans la mesure où je fais se télescoper l'idéal et le réel dans une coexistence parfois douloureuse entre le tempérament classique, le conservateur traditionnel, l'avocat général typique, et le Bilger qui, toujours, voudrait être un modèle judiciaire non identifiable. Mes réquisitoires sont souvent bâtis sur une structure qui me permet de commencer par ce que je préfère : non pas l'introduction banale un peu lourde où l'on annonce son plan ou un début faussement « accrocheur », mais un propos direct, immédiat, relié à la chaleur du débat encore tout proche, puis l'analyse. Cette technique – on se met dans la peau du criminel pour décrire son crime – engendre comme une familiarité, car elle rend le crime encore plus présent au jury, lequel en éprouve naturellement un dégoût plus profond. Il me faut, ensuite, accomplir une volte pour me retrouver dans la peau de l'avocat général. De la gravité des faits, on aboutit ainsi à une demande de sanction. Au début, la transition s'effectuait mal. Aujourd'hui, avec l'expérience, elle s'accomplit mieux. Je le sais, car, si je ne m'écoute pas, je me regarde requérir. Pas dans le sens où je m'émerveillerais de moi-même, mais pour vérifier que mon propos correspond aux exigences que je porte et à l'idéal dont je rêverais qu'il m'habitât. Se regarder, c'est aussi se contrôler.

À défaut d'adapter mon éloquence aux jurys, il est indispensable de l'ajuster aux différents types d'affaires. Je m'y efforce. J'ai constaté que les « petites » affaires ne sont pas forcément les moins passionnantes. Elles autorisent, devant une salle aux trois quarts vide, une conversation familière et judiciaire avec un jury. On se dépouille alors de l'apprêté pour tenter la persuasion dans une sorte de monologue tranquille qui, souvent, peut se révéler efficace.

J'ai dit plus haut, et je le maintiens, que la proposition de peine n'est pas le moment que je préfère. C'est pourtant l'essence même de ma fonction. L'élaboration de la sanction est une étape capitale du réquisitoire, qui demande beaucoup de temps. Il s'agit, pour l'avocat général, de jouer cartes sur table, de faire entrer les jurés dans son esprit, d'offrir l'éparpillement des éléments créé par l'oralité des débats pour forger et présenter une proposition de peine cohérente. Un peu comme si je leur disais : « Voilà comment je vais rassembler tout cela avec votre aide. » La proposition sera d'autant plus acceptable qu'elle saura se défaire de tous les extrémismes, que ce soit l'indulgence coupable ou la sévérité impitoyable. Je peux parfois sentir, lors des débats, la montée d'une volonté répressive, d'une sévérité dont je voudrais moi-même limiter l'ampleur. J'ai peur que le jury en vienne à des extrémités que je récuse. J'ai été furieux, dans l'instant, de n'être pas suivi, même si le verdict n'était pas absurde ; j'ai aussi éprouvé de la colère face à ce que j'ai pu considérer comme un défaut d'intelligence dont j'étais peut-être partiellement responsable pour n'avoir pas expliqué tel ou tel point. De même, je ne réclame jamais une peine en fonction de son aléatoire exécution ultérieure, qui ne relève pas de la cour d'assises. Je ne me sens pas le droit de construire mon réquisitoire sur des éléments virtuels, mais uniquement sur ce dont tout le monde a été témoin. La plupart du temps – en toute immodestie –, le jury me suit peu ou prou. Mais je déteste l'idée que le ministère public n'aurait que cela pour vocation. Je préfère l'orgueil de précéder à la vanité d'être suivi.

Il me faut, aussi, aborder la question de l'acquittement, lorsqu'il n'a pas été sollicité par le ministère public. Il ne m'est arrivé que deux fois de requérir une peine très sévère – en l'occurrence quinze années de réclusion criminelle – et d'entendre un double verdict d'acquittement. C'était, en particulier, dans l'affaire Bob Denard relatée au chapitre précédent. J'avais une forte certitude sur la culpabilité des accusés, que les débats n'avaient pas suffisamment manifestée : je n'ai donc pas été totalement pris au dépourvu. L'acquittement n'est pas plus la défaite de l'accusation que la condamnation n'est celle de la défense, même s'il n'existe pas de grande défense qui ne veuille systématiquement faire réduire la peine requise.

Bien plus que la hantise de l'acquittement, je redoute celle de l'erreur judiciaire qui serait forcément assise, au moins partiellement, sur la force de conviction de l'avocat général. Cette hantise m'accompagne à chaque instant dans mon travail. Je cohabite de plus en plus avec cette possibilité, quand je vois, dans la presse, le récit de certaines affaires où un homme avait été condamné, ou durablement suspecté, et où le vrai coupable a été confondu par la suite. Je ne crois pas avoir jamais été personnellement impliqué dans une erreur judiciaire. Mais je suis très heureux d'éprouver cette inquiétude, qui me conduit à me montrer encore plus vigilant dans l'administration de la preuve, que je veux la plus rigoureuse et la plus fiable qui soit.

Ce n'est pas de la vanité, ni la surestimation de son pouvoir sur un jury. Reste que, dans certaines affaires particulièrement odieuses où l'accusé propose un profil judiciaire détestable, on sent une immense responsabilité peser sur son esprit et ses épaules. On a le vertige à l'idée qu'on pourrait convaincre les jurés sur l'étendue de la « gamme » criminelle. Je me souviens, en particulier, du procès, déjà évoqué, d'un père qui avait tué sa fille de six ans et où l'avocat de la partie civile, maître Francis Szpiner, avait « requis » la perpétuité, sortant délibérément de son rôle. Pour des raisons tenant au déséquilibre éclatant de l'accusé, j'avais réclamé une peine de vingt à vingt-cinq ans. Le jury m'avait suivi, mais je n'ai pu m'empêcher de penser, ensuite, à la formidable mission de l'avocat général que sa forte relation avec un jury pourrait conduire à s'abandonner à toutes les dérives d'un électron libre enivré par sa puissance.

Il ne faudrait pas non plus exagérer le poids de l'éloquence. J'ai longtemps pensé qu'elle était reine. Aujourd'hui, je ne suis plus sûr de considérer que cette forme d'art de la parole soit fondamentale dans l'univers criminel : des avocats remarquablement éloquents obtiennent de mauvais résultats à l'audience. Pour aller plus loin, je dirai que l'intelligence est un risque, la parole un défi. Pour qu'on parle d'un discours, il faut qu'il dise quelque chose. Parler, ce n'est pas forcément *dire*. Dire, c'est toujours mettre en péril sa pensée sur le fil du langage et préférer affronter la menace d'une possible incompréhension. Dire, ce n'est pas succomber au confort du discours qui ne s'aventure jamais au-delà des limites de la bienséance sociale et intellectuelle. Dire vraiment, c'est se mettre, à chaque seconde, en instance de déséquilibre, en état de danger. C'est accepter le malaise de la pensée. C'est s'engager dans chacun de ses mots. Il est normal que seule cette parole-là, qui prend tous les risques, soit reprise par les médias et entre dans la tête d'un jury. L'autre, on n'a pas besoin de la publier pour la connaître. Elle coule en chacun de nous, ordinaire et quiète, quand nous ne sommes plus sur nos gardes. La première, personne ne peut l'inventer à notre place. Dire, c'est aussi avoir terriblement conscience du pouvoir des mots. Il vaut mieux passer sous silence qu'ancrer dans l'espace un mot qui viendra créer, évoquer, légitimer la réalité même qu'on veut dénoncer. Parler, c'est faire naître, au sein de son propre camp, son pire ennemi. C'est s'engager, sans aucune certitude, sur un chemin souvent pavé de bonnes intentions mais dévoyé par l'ambiguïté du langage. C'est devoir affronter le défi d'une pensée exprimée et peut-être, à la seconde, polluée par la possible ambiguïté du mot. C'est faire sortir de soi ce qui éclaire, ce qui élucide, toutes les belles sonorités d'un monde civilisé, mais aussi ce qui masque, ce qui trompe, ce qui, passant par les oreilles et les esprits, changera son or en boue, ses évidences en malentendus. Combien de fois ai-je oublié un argument que la défense, par conscience, évoquait pour le contredire, mais en lui donnant, de la sorte, une force que, demeuré implicite, il n'avait pas ! Que de fois ai-je perçu que les mots, avant d'être porteurs de sens, mettaient au monde, d'abord, une parole et, en même temps, un silence, une affirmation et sa dénégation implicite, la lumière et la nuit ! L'éloquence-pouvoir est sans doute celle qui, subjuguée et effrayée par le mot, qui est un explosif, en fait un instrument de terrorisme tout en sachant le manier avec précaution.

On objectera que *dire*, c'est bien, mais que *bien dire*, c'est mieux. Mais avant l'éloquence, il y a un être qui s'offre à ceux qu'il veut convaincre, dans sa liberté et son imprévisibilité. Une personnalité, une nature, un esprit doivent se faire accepter avant que le discours ne commence. Cet être-là se jette dans un plateau de la balance, pour y peser de tout son poids intellectuel. Un rapport chaleureux et convaincu avec les jurés est indispensable. Lorsqu'il a été établi, alors seulement l'éloquence vient l'habiller. Elle permet à la parole d'avoir de la présence, une identité, un rythme, de traduire simplement la complexité. En fait, elle se rapproche du bon slogan publicitaire, sans démagogie ni vulgarité. La difficulté, mais c'est un immense bonheur quand on y parvient, c'est de traduire l'obscurité d'une nuit, la complexité d'une âme avec un langage qui serait plein de l'aveuglante et brutale clarté du jour.

Certains magistrats sont à l'aise dans le secret de leur cabinet. Pour eux, le plus important s'y déroule. Je pense exactement l'inverse : la justice devient de plus en plus éclatante à mesure qu'elle se rapproche de la lumière fulgurante et ouverte à tous de l'audience. C'est le parcours naturel de l'acte judiciaire. Le goût de la parole utile peut, de surcroît, constituer un dénominateur commun très valable entre les avocats et les magistrats. Il existe un plaisir particulier, celui d'un extrême compagnonnage partagé par des gens unis, le temps des débats, par une vraie fraternité. Bien sûr, l'audience ne peut devenir une comédie ou une connivence, et nous restons des adversaires. La cour d'assises est tellement imprégnée de parole qu'il faut prendre garde à ce que l'objet de la session ne devienne pas la parole elle-même, au détriment du crime ou de la réparation due aux victimes – un culte de la forme qui ferait oublier le fond.

La forme est importante, aux assises, tout comme le rituel. Même si la robe rouge et l'hermine de l'avocat général ne conditionnent pas, ou si peu, sa parole. Je pourrais requérir en T-shirt si la justice poussait jusqu'à l'extrême un goût du débraillé dont certains signes font déjà frémir. En revanche, je me suis imposé une règle : je refuse de porter mes décorations – la Légion d'honneur et le Mérite – sur ma robe, bien que je sois très fier de les avoir reçues. Je détesterais me présenter avant même la démonstration de la conviction comme une petite institution signalée par sa « bimbeloterie ». Cet attirail très honorable, j'en suis persuadé, n'a pas sa place sur une robe de magistrat. D'aucuns verront là une autre forme d'orgueil : je ne veux être jugé, à l'audience, que sur mes capacités judiciaires. Avec mes médailles, j'aurais l'impression de ressembler à un maréchal soviétique ! Toujours, me dira-t-on, ce goût de la singularité dans la solitude. Il est vrai que je ne suis pas certain que je continuerais à agir de la sorte si nous étions nombreux à le faire...

Je me suis souvent interrogé sur l'adjonction de certains attributs à l'être humain. Par exemple, un moustachu s'est forcément regardé dans la glace pour se dire : cela vaut la peine d'ajouter cet ornement. Je pense qu'il faut se montrer à la cour d'assises tel qu'on est, nu, d'une certaine façon. Même si je les ai obtenues dans le cadre de mon métier, les décorations relèvent pour moi de l'être intime, social, davantage que de l'être judiciaire. Or, c'est ce dernier qui s'exprime à l'audience. Ce n'est pas la même chose que de les porter discrètement au revers d'un veston : elles n'ont, à cet endroit, aucune incidence sur le dialogue professionnel.

Le ministère public s'exprime, mais il écoute aussi beaucoup, et je ne voudrais pas que ces lignes ne soient consacrées qu'à son éloquence. J'avoue que cela met du baume à l'esprit qu'aujourd'hui, grâce à quelques collègues, la magistrature ne soit plus la « parente pauvre » dans l'exercice de la parole. Pour en venir au barreau qui, longtemps, était incontesté dans ce domaine, j'avoue me sentir, parfois, à l'audience, comme un auditeur à la fois privilégié et admiratif. Qu'on m'entende bien : il y a de très belles plaidoiries qui viennent à mes oreilles comme un agréable objet sonore, une perfection esthétique, mais qui ne troublent pas une seconde ma conviction ni n'altèrent la confiance en mon argumentation. Il en est d'autres qui ajoutent à leur apparence séduisante une forte efficacité et qui, à ce titre, font naître dans ma tête une insécurité, un doute, une fragilité. Ils se dissipent, le plus souvent, après. Je crois, cependant, qu'on pourrait définir la grande plaidoirie comme une créatrice d'inquiétude. Outre ces discours, les uns seulement beaux, les autres beaux et efficaces, il existe encore deux types de plaidoiries.

Le discours sans éloquence mais porté par une conviction sincère, prononcé par une personnalité sans apprêt mais que les débats ont montrée authentique, peut entraîner l'adhésion d'un jury. Ce n'est plus l'avocat qui séduit, mais l'homme ou la femme qui plaît. Enfin, pourquoi le cacher ? On entend des plaidoiries pompeuses ou modestes qui se caractérisent par leur médiocrité, voire leur nullité. Pour paraphraser Brassens, « quand on est nul, on est nul ». Cela peut atteindre tous les âges, écorner un certain nombre de réputations totalement usurpées. Les uns sont heureusement dissimulés par l'anonymat, et d'autres, promettant monts et merveilles judiciaires, s'abritent derrière une réputation perçue comme une évidence et que le réel ne parvient pas à détruire. J'avoue être fasciné par les fausses gloires : quel talent il faut pour les construire et les rendre plus indiscutables que les vraies !

Reste qu'il y a chez les avocats une homogénéité dans le bon ou le passable – une qualité sans éclat –, une rareté dans le catastrophique comme dans l'exceptionnel. Pour moi, les plus grands, aux assises, et j'ai la faiblesse de les considérer comme les plus grands tout court, s'appellent Henri Leclerc, Georges Kiejman, Thierry Lévy, Jean-Louis Pelletier, Jean-Yves Le Borgne... Cette liste, que l'intuition professionnelle et l'amitié établissent, n'est évidemment pas exhaustive.

Je me suis souvent demandé si je n'étais pas un peu jaloux de ces professionnels d'exception. La jalousie n'est pas un sentiment qui m'est étranger dans l'imperfection de ma nature : c'est une forme d'impérialisme qui se greffe sur la peur panique de ne pas être assez aimé. En même temps, j'apprécie de côtoyer dans la vie judiciaire des gens brillants, et les avocats de grand talent représentent un compagnonnage qui élève plus qu'il n'aigrit. Je ne serais toutefois pas sûr de pouvoir supporter le stress d'une comparaison permanente avec les meilleurs, qui tournerait systématiquement à mon désavantage !

Il existe, pour être complet sur ce chapitre, une éloquence très particulière dont je n'ai pas encore parlé et sur laquelle je suis extrêmement réservé : celle que des avocats développent parfois et qui est tournée vers leur propre client, dans le but de le faire avouer, ainsi qu'on l'a vu, par exemple, au printemps 2001, lors du procès du tueur en série Guy Georges. Je veux bien comprendre que, pour une partie civile, l'aveu du criminel puisse représenter une forme de consolation. Mais certains débats criminels poussent jusqu'à l'absurde cette volonté de faire avouer un accusé qui s'y refuse. L'aveu n'est pas, pour moi, une obsession. Je puis admettre qu'un accusé se tienne à sa lisière, qu'il laisse pressentir qu'il n'est pas loin de reconnaître ce dont on l'accuse, même s'il ne peut se résoudre à le formuler explicitement. Il m'est désagréable de penser que, par cette obsession de l'aveu, on cherche à se laver la conscience de toute interrogation en amenant l'accusé à participer à l'élaboration de sa peine. Je refuse que ce soit l'accusé qui gouverne l'audience. J'ajoute que l'absence d'aveu peut traduire une prise de conscience très forte, par l'accusé, du caractère odieux de ses actes.

En évoquant les avocats, on pense naturellement à la défense. Mais les parties civiles sont également assistées de conseils, et elles s'expriment elles-mêmes à la barre. Il est normal que la victime ait toute sa place dans le procès criminel. Je suis frappé de constater que, dans les affaires de viol, la plaignante tient un rôle si déterminant qu'elle rend parfois quasi inutiles et le réquisitoire et la plaidoirie de son avocat. Face à ces victimes encore bouleversées, j'éprouve souvent un sentiment vertigineux : il m'arrive de les rudoyer, parce que je ne suis pas totalement sûr qu'elles adopteraient une attitude différente au cas où elles mentiraient. Les larmes seraient sans doute les mêmes, encore plus pitoyables ! La plaidoirie de la partie civile, elle, est généralement mal analysée. Elle ressemble davantage à un réquisitoire, quand elle est réussie. Des avocats de partie civile, qui ne disposent pas d'une once de liberté en raison de la forte présence de leur client et de la dépendance qu'elle implique, viennent habituellement me trouver pour me demander, en quelque sorte, ce que je les autorise à dire. Je leur réponds : dites ce que vous voulez, tout ce que vous voulez ! Une tentative d'harmonisation entre la partie civile et le ministère public serait des plus nuisibles, de surcroît impossible. J'estime, en effet, que cette plaidoirie, qui sera plus tard comparée à celle de la défense, fait généralement apparaître l'avocat général comme le représentant du juste milieu – ce qu'il est, à mon sens. Certes, il n'est pas question, comme certaines incompréhensions ont pu le laisser croire, de rêver d'installer le ministère public au centre de l'audience dans une sorte de fauteuil prééminent, au propre et au figuré. Mais comment ne pas voir qu'entre le splendide et nécessaire extrémisme de la défense, chargée de soutenir, parfois jusqu'à l'absurde, la cause d'un accusé, et le lien de fer unissant la partie civile à son avocat, pratiquement privé de la liberté de ses mouvements intellectuels et judiciaires, l'avocat général est celui que son autonomie et son indépendance rendent le plus apte à la proposition d'une justice équilibrée ? Qui oserait encore dire, aujourd'hui, que le ministère public est contraint de requérir une peine s'il a la conviction du doute ou de l'innocence ? Avec une telle conception, l'avocat de la partie civile ne gêne pas l'accusation en se campant en « ministère public bis », puisque, au contraire, il irrite le jury et, par contraste, renforce la mesure de l'avocat général.

Je n'ai pas toujours un rapport facile, je dois l'admettre, avec les parties civiles. D'abord, j'estime que l'oralité des débats devrait poser ses interrogations également sur le banc des plaignants. La présomption d'innocence, d'un côté, risque d'être purement formelle si, de l'autre, n'a pas le droit d'être discutée la qualité de victime, notamment dans les affaires de viol. Aucune partie ne peut se croire naturellement préservée des doutes, des incertitudes et des lumières de l'audience publique.

Ensuite, je ne supporte pas, même si je comprends le traumatisme judiciaire de la douleur et de la mort, qu'une victime, à partir du moment où elle a eu le courage d'affronter un jury, n'en assume pas les conséquences. Ainsi, dans le procès, déjà deux fois évoqué, de ce père qui avait étranglé sa fille de six ans, la mère de la petite n'a jamais, à la barre, regardé l'accusé – ce qui est son droit. Mais, lorsque celui-ci intervenait, elle lui tournait systématiquement le dos et engageait une conversation parallèle avec son avocate. Je me suis permis de la questionner publiquement au sujet de cette attitude et elle m'a répondu avec un mélange d'incompréhension et d'indignation, comme si j'avais accompli un crime de « lèse-victime ». Je voulais seulement signifier, par mon interrogation, que l'audience devait imposer sa loi, sa dureté et ses exigences à tous. J'ajoute que, pour en terminer avec cette anecdote, alors qu'après l'arrêt civil j'ai toujours pour habitude d'aller saluer les parties civiles en leur souhaitant « bon courage », dans cette affaire je me suis dispensé de cette démarche. De toute manière, elle ne me semblait pas souhaitée, en dépit des embrassades ayant accueilli la sanction de vingt-cinq années de réclusion assorties d'une peine de sûreté des deux tiers, conforme à mes réquisitions qui m'avaient semblé, pourtant, semer le trouble.

J'aimerais dire, aussi, un mot des accusés. Le box propose assez souvent la terrible éloquence du silence. On rencontre également le langage modeste, parfois vulgaire, rare, de l'accusé qui répond par monosyllabes parce qu'il craint de s'engager trop avant dans un processus qui pourrait alourdir son sort. J'ai, plus rarement, croisé des titis judiciaires, qui savaient pouvoir compter sur une forme d'esprit, des malfaiteurs chevronnés au langage débridé, franchouillard, épais, ou des accusés intelligents, maîtrisés, soucieux de présenter à la cour d'assises, à travers un vocabulaire choisi, la meilleure image possible d'eux-mêmes. Je n'ai été confronté qu'une seule fois à un homme au langage exceptionnel : c'était François Besse, en juin 2002[1]. Mais j'ai le souvenir de plusieurs autres dialogues judiciaires de belle tenue. Quelle que soit la satisfaction que l'on peut éprouver en débattant avec une personnalité éduquée ou habile, je refuse que soient portées à charge des approximations résultant manifestement d'un manque de culture. Il y a plusieurs types d'erreur judiciaire. La condamnation trop lourde d'un accusé qui s'est lui-même « enfoncé » à cause d'un mauvais maniement du langage est une forme d'erreur judiciaire. Combien de fois ai-je eu l'impression qu'un mot imputé à charge n'était que la traduction maladroite d'une réalité que le vocabulaire disponible était impuissant à décrire et à analyser ? Le réquisitoire devra, alors, mettre en garde les jurés. Qu'on se souvienne de la belle phrase de Mme de Staël, si appropriée à notre monde : « La parole n'était pas son langage. »

1. Voir chapitre 13.

7

Le procès de l'affaire Brahim Bouraam
ou la politique dans le prétoire
(7-15 mai 1998)

1er mai 1995. Le Front national défile, Brahim Bouraam, vingt-neuf ans, attend sa petite amie au bord de la Seine. Quatre ou cinq skinheads ont quitté la queue du cortège du parti d'extrême droite pour satisfaire une envie pressante à l'abri des regards. Sur le quai, ils tombent nez à nez avec le jeune Marocain, lui cherchent querelle. L'un d'eux pousse le malheureux dans le fleuve, où il se noiera.

Crime raciste, comme l'ont immédiatement qualifié certaines personnalités au premier rang desquelles Jacques Chirac et Lionel Jospin, alors candidats à l'élection présidentielle ? Crime stupide porté par un contexte particulier propice à l'intolérance ? Homicide volontaire, involontaire, ou coups devenus mortels par le jeu d'une imprévisible fatalité ? Affaire de droit commun ? Affaire politique ? Le procès s'ouvre dans une atmosphère surchauffée, en mai 1998. Chacun a en mémoire le geste de François Mitterrand qui, le 3 mai 1995, était allé jeter une rose sur les lieux du drame. Le même jour, quinze mille à vingt mille personnes avaient défilé à Paris contre le Front national – dont le président parlait, alors, de « complot » contre son mouvement – et le racisme. Pour moi, les débats ne doivent pas se limiter aux données extra-judiciaires du dossier. Il s'agit d'examiner les personnalités des quatre accusés et notamment du principal d'entre eux, Mickaël Fréminet, qui avait déclaré aux enquêteurs avoir donné une « claque appuyée » à la victime, entraînant sa chute dans la Seine. Ce qu'un témoin de dernière minute viendra contredire à la barre : cet officier avait vu, ce 1er mai 1995, un individu pousser « des deux mains » un jeune homme vers le fleuve.

Je pencherai finalement pour l'homicide volontaire. Mais, prenant en compte le niveau intellectuel des quatre accusés – « quand ils disent qu'ils n'ont pas d'idées politiques, c'est vrai : ils sont malheureusement incapables d'avoir la moindre idée » –, estimant que Fréminet pouvait incarner « l'absurdité criminelle du timide qui croit tout à coup s'affirmer sous le regard des autres », sans ignorer pour autant que « c'est parce que Brahim Bouraam était maghrébin qu'ils l'ont choisi pour victime », j'ai demandé une peine qui pourrait apparaître comme relativement mesurée par contraste avec le déchaînement médiatique : dix à douze ans de réclusion. Le jury a condamné Mickaël Fréminet à huit années de prison. Ses comparses ont écopé de cinq ans, dont quatre avec sursis.

Je n'étais pas vraiment serein à l'ouverture de ce procès, je le reconnais. L'affaire avait été fortement médiatisée. Si l'on ajoute à cela la personnalité des avocats en présence, le nombre des parties civiles, chacun comprendra ce que je redoutais : que le procès ne s'engage exclusivement sur le terrain idéologique. Je suis toujours inquiet quand le pluriel du politique est si fort qu'il menace de l'emporter sur le singulier des êtres. Il est très difficile de combattre une conviction installée au préalable. Ici, à supposer que les accusés aient effectivement été mus par une volonté inspirée par les thèses du Front national, il n'en fallait pas moins examiner leurs personnalités, analyser leurs trajectoires, tenter de définir leurs ressorts. Je n'aurais voulu pour rien au monde que soit étouffée la subjectivité, pauvre ou riche, d'individus accusés d'un acte qualifié par beaucoup de politique ou de raciste. Je me trouvais devant une équation judiciaire quasi impossible à résoudre : me forger une conviction en toute indépendance, tout en résistant à une démonstration arbitraire qui me conduirait à stigmatiser, sous la pression, une responsabilité collective.

L'arrière-plan, quoique pointé du doigt avec trop d'insistance, était pourtant indiscutable. L'influence du FN sur la dérive des accusés, même si le responsable du service d'ordre du parti est venu témoigner à charge, après avoir coopéré avec la police durant l'enquête, ne pouvait être occultée. Je sais bien que ce n'est pas par hasard que ces jeunes gens, pas très finauds, se sentaient à l'aise en marge du défilé du FN, et qu'ils s'en sont pris à Brahim Bouraam. Un Européen n'aurait pas subi le même sort, c'est évident. Mais je persiste à croire que l'affaire était suffisamment laide en elle-même pour qu'il ne soit pas besoin de lui donner une dimension qu'elle n'avait pas, et que l'audience mettait à mal. D'autres, de manière non moins caricaturale, entendaient mener un procès criminel ordinaire, avec dans le box une poignée de pauvres types auxquels on aurait voulu faire endosser un habit trop large pour eux.

Je dois à présent faire un aveu, ce qui n'est pas dans les habitudes d'un avocat général : je crains de n'avoir pas requis avec une totale liberté d'esprit. Je me demande même si l'affaire Brahim Bouraam n'est pas l'unique procès où j'ai été amené à m'interroger sur l'absolue sincérité de ma démarche intellectuelle. Au point d'avoir ensuite traîné le vague remords de ne l'avoir pas atteinte... L'atmosphère des débats présidés par Yves Corneloup, la pression des parties civiles, à quoi s'ajoutait de manière plus anecdotique une canicule inhabituelle en mai et qui transformait le prétoire en fournaise, ne m'ont pas aidé à adopter une démarche judiciaire totalement authentique. J'avais requis de dix à douze années de réclusion, tout en n'étant pas persuadé à cent pour cent que Fréminet avait commis un meurtre au sens juridique du terme – on aurait pu pencher pour des « coups mortels ». Pourtant c'est la thèse que j'ai soutenue et Fréminet a été condamné pour meurtre.

Je puis donc dire que, ce jour-là, j'ai requis sur la foi d'une intime conviction relative, en contradiction avec mon éthique personnelle. Au contexte politico-judiciaire s'ajoutait le fait que j'allais développer une argumentation faisant de Fréminet un jeune paumé aux franges de la débilité. J'ai eu le sentiment qu'il fallait peut-être, dans ces conditions particulières, par une sorte de compensation, que le meurtre fût reconnu, que cette concession fût faite au procès politique. De la même façon, je ne suis pas sûr d'avoir profondément souhaité une peine de dix à douze ans de réclusion, puisque mon idée initiale avait été de requérir huit ans – la peine retenue par le jury à la suite de la très bonne plaidoirie de maître Solange Doumic pour Fréminet. Oui, je me reproche, pour la seule et unique fois de ma vie d'avocat général, de ne m'être pas senti totalement libre dans ce procès. Et de ne pas avoir osé réagir quand, à certains moments, je trouvais que le président en « faisait trop ». Pour résumer, je me reproche d'avoir voulu à tout prix réussir une synthèse entre le procès politique, intensément désiré par d'autres que moi, et le procès singulier de jeunes gens assez minables dont la dérive méritait sanction. On ne peut courir qu'un seul procès à la fois. Requérir contre le procès politique, requérir contre Fréminet, c'en était un de trop. Ma démarche s'en trouvait viciée en son cœur.

Bertrand Delanoë, nouveau maire de Paris, ayant évoqué la possible édification d'une stèle à la mémoire de Brahim Bouraam, j'ai failli lui écrire pour lui exposer le contexte exact d'une affaire qui avait fortement ému l'opinion publique. À mon sens, une stèle, ce serait faire trop d'honneur, même à rebours, à Fréminet qui n'était qu'un jeune homme limité, égaré dans les marges du Front national. J'ai renoncé à cette lettre. Il est difficile de convaincre qui a plus besoin d'un symbole que de réalité.

8

Ces journalistes qui se prennent pour des juges

J'entretiens, depuis longtemps, des rapports compliqués avec les journalistes. Tantôt, je ne déteste pas leur compagnie ; tantôt, je ne suis pas loin de les considérer comme des intrus dans la relation que je tisse avec les jurés, le président, les parties civiles, la défense et l'accusé. Pourquoi ne pas dire qu'ils me gênent parce que, souvent, je les perçois comme des intercesseurs infidèles entre le peuple et ceux qui s'adressent à lui ?

Aujourd'hui, j'admets qu'il n'est pas rare de me voir échanger des propos peu amènes avec des journalistes qui couvrent les procès d'assises. Pourtant, je n'ai pas changé d'opinion sur les médias. Ce sont eux qui ont changé : en matière criminelle, ils ne jouent plus leur rôle de témoins. Ils prétendent, au contraire, participer pleinement à l'élaboration de l'opinion judiciaire. Les journalistes ne sont chargés que de rendre compte. Ils n'ont ni à juger, ni à sanctionner, ni à acquitter. Il faudrait qu'un lecteur puisse, en parcourant leurs chroniques, se faire une idée précise de l'histoire du procès, du rôle des parties, de la nature de leur questionnement et de la teneur de leur discours. L'opinion personnelle du journaliste ne nous importe pas sur le fond de l'affaire, même s'il a le droit, dans le fil de son article, d'analyser, voire de critiquer, le comportement judiciaire de tel ou tel. Or, de plus en plus, les journalistes considèrent comme indigne d'eux une relation objective et mesurée du procès criminel, préférant prendre celui-ci comme prétexte pour exprimer leur subjectivité, dont on n'a que faire. Même si, par exceptionnel, elle est riche... Pis : on assiste à des dérives plus graves. Le journaliste est devenu son propre sujet, extériorisant ses états d'âme pour finir dans la peau d'un créateur prétendu. Ses lecteurs ne savent plus, alors, ce qui se passe à l'audience.

Je ne dis pas que les journalistes devraient se cantonner à un rôle de scribe, pas plus que je ne leur interdis de mettre en cause mon approche de tel ou tel dossier : la relation d'une audience n'appelle pas, nécessairement, la neutralité du pur observateur, bien que celle-ci soit, souvent, de mon point de vue, la plus adaptée. Je critique le fait que nombre de journalistes ont la prétention de croire qu'ils sont mandatés pour influencer le lecteur, et non pas pour l'informer. D'une part, on ne le leur demande pas. D'autre part, ils ont systématiquement une vision de l'audience différente de celle du spectateur ordinaire qui, lui, assiste aux débats avec une absence totale de préjugé. Enfin, à quelques exceptions près où ils aiment hurler au loup avec la horde – ou à la sorcellerie, comme pour Guy Georges –, ils prennent le parti de la défense.

Non parce que celle-ci ferait, plus souvent que l'accusation, preuve d'imagination et d'intelligence pour défendre sa cause, ni parce qu'il serait plus naturel de pencher pour celui qui plaide l'impossible, que pour cet autre qui requiert l'évidence. Je ne vois pas, en vérité, dans l'attitude convenue des journalistes, un hommage à la capacité supérieure des avocats. Je crois, plutôt, que l'accusation leur apparaît comme une forme d'ordre, l'émanation d'une autorité naturellement inconciliables avec leur philosophie d'humanisme mou et d'anarchisme banal. Je leur reproche un niveau de réflexion superficiel, un désir d'aller dans le sens de ce qui déstructure, bat en brèche. Ce n'est rien d'autre, en fait, que la manifestation devenue réflexe du syndrome du contre-pouvoir. On a tellement répété aux journalistes qu'ils en étaient les dépositaires, qu'ils n'en finissent pas d'être contre ce qu'ils prennent pour le pouvoir, sans s'interroger, une seconde, pour savoir si le pouvoir n'a pas raison. Non, pour eux, il a tort, forcément tort, parce que, le plus souvent, il offre une vérité indiscutable et qu'ils n'aiment rien tant que discuter, soupçonner, mettre en cause, ébranler... Ce serait déchoir que de ne pas entacher de soupçon une réalité qui saute pourtant à l'esprit. On se condamne à l'artificiel mais peu importe : on préfère l'image stéréotypée du journaliste « fouineur ». Peut-être convient-il de s'interroger ici, au-delà de l'appétence superficielle des médias pour la défense et de ceux qui, médiocrement ou non, la représentent (à l'évidence, ce n'est pas leur problème !), sur le privilège dont le barreau bénéficie de la part de l'esprit public et des médias et sur l'ostracisme systématique dont le magistrat accusateur fait l'objet dans quelque enceinte où il officie. Pour rire, rappelons-nous cette confusion permanente entre l'avocat général et l'avocat. Combien de fois me suis-je entendu appeler « maître » !

Faut-il y voir le goût du paradoxe de cet imprévisible peuple français qui exige, notamment lors de la plus haute élection, de la sécurité, mais tourne en dérision, conspue et entrave les policiers lorsqu'ils interviennent ? Faut-il admettre que c'est symboliquement que l'ordre et la tranquillité publics sont réclamés mais que toute mise en œuvre d'une politique destinée à atteindre ces objectifs est frappée de suspicion, de caducité ? Le citoyen serait double : en faveur de l'autorité mais contre les agents de l'autorité. Cette volte incessante entre le légitime et le frondeur, entre la revendication d'un État impérial et la guérilla implicite ou ouverte contre ses agents est sans doute au cœur de l'opinion et explique partiellement pourquoi tout est souhaité, et le contraire de tout, le châtiment des criminels, et leur défense. Il y a une autre matière à réflexion, tout de même, dans cette sympathie obsessionnelle qui met sur le haut du pavé judiciaire la défense, et considère la tâche de sauvegarder la société comme une nécessité que l'on aurait honte d'admirer.

Il me semble, d'abord, qu'il ne faut pas occulter le fait que, longtemps, l'accusation – en dépit de quelques brillantes exceptions – n'a pas su, pour l'éloquence, l'intelligence du procès et l'apparence médiatico-judiciaire, damer le pion à la défense et, plus gravement, a paru admettre, par son comportement, cette infériorité comme si elle était naturelle et de principe.

Ces temps sont révolus, mais il faudra un très long délai pour que la métamorphose vienne s'inscrire dans les esprits. Ensuite, même si les procès démontrent souvent le contraire, puisqu'elle bénéficie du soutien unilatéral des médias, la défense, pourtant, est, inévitablement, douloureusement (mais heureusement pour son image !) perçue comme l'auxiliaire du petit contre le gros, de la veuve et de l'orphelin contre tous les nantis de l'existence, du désarmé et du malheureux contre les indignations légitimes mais si communes, si banales des victimes, du criminel solitaire et stressé contre les innocents sûrs d'eux-mêmes et alourdis, enrichis des voix multiples de la réprobation collective. Le crime déchire une société mais le coupable est seul. L'avocat vient au secours. Pourtant, l'accusation aussi vient au secours. Et c'est probablement le motif ultime de cette discrimination qui n'offense pas la plupart des magistrats, car, pour eux, gangrenés par l'idéologie adverse, elle va de soi. Ils ont accepté, de toute éternité, le rôle qui leur a été dévolu. Nécessaires et relégués : cela leur suffit. Le dernier point, c'est que l'homme ou la femme souffrant dans le box, cela se voit. On peut presque tâter de la main, du visage, cette individualité qui, se projetant devant ses juges, incarne toutes les notions abstraites auxquelles on avait songé avant le procès : culpabilité, innocence, désespoir, mélancolie, cynisme, peur, timidité ! On préférera toujours la défense d'un être, même coupable, à la défense d'un concept, même beau. On préférera toujours la défense d'une personne éclatante dans sa visibilité et son infortune judiciaire à la défense d'un principe invisible au nom duquel l'avocat général requiert, mais que les jurés respectent sans enthousiasme : l'accusé est dans leur champ humain, l'intérêt social flotte dans le champ de l'abstrait. La preuve de cette assertion est d'ailleurs fournie par le fait que le concept ne devient vivant et décisif que lorsqu'une victime, partie civile, vient y ajouter son poids de détresse et de douleur.

Il serait immodeste de penser qu'à soi seul on pourrait changer cette perception sans cesse renouvelée et inéluctable. Il n'empêche que c'est déjà beaucoup que de se battre contre l'apparent bon sens de cette approbation publique pour porter haut l'honneur d'accuser ou d'absoudre au nom de la société.

Il peut m'arriver de m'interroger sur un verdict. Il me semblerait absurde d'aller porter la controverse sur la place publique, sauf si mon propre rôle était dénaturé et qu'on me prêtait des propos tronqués ou imaginaires. Plus gravement, au-delà de mon cas particulier, s'il s'agissait de dénoncer des dysfonctionnements choquants. Je suis, sur ce point, plus que réservé sur l'attitude de certains avocats après les débats. D'aucuns écrivent même des articles sur des procès auxquels ils n'ont pas assisté ! Les assises ne sont pas un chapeau dans lequel on ferait rouler les dés pour décider de la culpabilité ou de l'innocence de l'accusé. Aussi, dans la mesure où notre hiérarchie – à tort, car, ainsi, elle se ferait respecter – ne réagit pas aux contrevérités, je me suis fait un devoir de le faire, et d'envoyer une lettre à ceux dont je conteste les écrits. Cela ne m'a d'ailleurs jamais attiré de réaction négative. Je comprends mal pourquoi la magistrature cultive une sorte d'obséquiosité formelle vis-à-vis des médias, au lieu de chercher à les convaincre en communiquant franchement avec eux, quand elle le peut. Plutôt que de les dénigrer dans leur dos et de les flatter en apparence, nous devrions leur accorder suffisamment de considération pour leur dire nos vérités et, éventuellement, écouter les leurs.

Il n'est pas illégitime que, dans une démocratie, la presse ait l'ambition de bousculer les vérités officielles, même dans la relation d'un procès criminel où peut planer le risque de l'erreur judiciaire. Mais cette démarche, si elle est mécaniquement exercée, relève de telle ou telle pathologie personnelle davantage que de l'investigation journalistique. En général, un journaliste judiciaire préférera toujours la provocation du doute, artificiellement construit et exploité, à la banalité de l'évidence, la fausseté de l'exception à la vérité de la norme. D'où la frénésie, qui serait comique si elle n'entraînait pas beaucoup de citoyens abusés, avec laquelle les journalistes s'épanouissent sur l'air de l'erreur judiciaire.

C'est d'abord le résultat de leur représentation du procès, dont je parlais plus haut, et de leur conception intellectuelle qui se gargarise à ce point du « contre-pouvoir » qu'elle est prête à favoriser la mythologie d'erreurs judiciaires, afin que chaque journaliste puisse se prendre pour Zola. C'est aussi parce qu'ils n'ont pas compris qu'un procès criminel n'était pas forcément le lieu d'une certitude absolue, mais qu'il devait seulement écarter, sauf à en tirer les conséquences par l'acquittement, tout doute substantiel sur la culpabilité de l'accusé. Pour les journalistes, n'importe quelle incertitude, même la plus infime, sans relation avec le cœur des faits, est qualifiée de fondamentale. Donc, naturellement, ils sont scandalisés par l'arrêt de condamnation. Un journaliste, un avocat, un magistrat peuvent penser ce qu'ils veulent d'un accusé. Mais tous doivent s'accorder sur la décision d'une cour d'assises, à plus forte raison si elle est confirmée en appel.

Je ne vise là aucun journal en particulier. Mais je note que certains – *Le Monde* notamment – rendent compte, toujours de la même manière, des arrêts criminels : en gros, à la suite des débats, on s'étonne de la condamnation. Le problème, c'est qu'ils n'ont cessé d'appréhender les débats de travers, de sorte que leur issue, évidente pour la plupart, leur semble une anomalie. Quand ces perceptions fausses se renouvellent fréquemment, les intéressés devraient admettre qu'ils n'ont aucune intuition judiciaire et faire un autre métier, ou traiter d'un autre domaine. Leur comportement est d'autant plus choquant que ces journalistes ayant une indicible propension à l'erreur – et qui ne se soumettent évidemment à aucune interrogation intime un peu dérangeante – ne sont pas loin de mépriser les jurys qui, eux, après de longues heures de délibération collective, ont abouti à un arrêt de condamnation. Quoi de commun, pourtant, entre l'impérialisme solitaire et parfois arrogant du journaliste et l'écoute modeste, puis la discussion collective d'un jury ?

L'erreur judiciaire existe, hélas, mais elle est heureusement bien plus rare qu'on ne le dit. Elle fascine, parce qu'il est commode, pour un journaliste, d'aller au plus facile. Il sera ainsi, naturellement, plus proche des avocats de la défense, grands ou prétendus tels : ces derniers leur parlent, leur mâchent le travail, livrent des réponses troubles à des interrogations mal posées, évitent toute fatigue, toute réflexion... Alors, quand ils plaident mais qu'ils n'ont pas convaincu, et que, donc, l'accusation a « gagné », c'est un double péché qu'il convient de flétrir : on n'a pas fait plaisir à ces avocats, et c'est l'ordre, l'autorité et l'évidence qui ont triomphé. Intolérable ! Au point que, même si l'explication de l'échec de la défense crève les yeux et l'esprit durant les débats, les journalistes l'occultent dans leur commentaire final. Parce que ce serait moins drôle que de l'imputer à la mauvaise volonté du jury et à son manque de discernement, à la mauvaise foi du président, à ses pressions psychologiques présumées tout au long du délibéré, ou encore à l'aveuglement acharné de l'avocat général. Un avocat qui « rate » l'audience et qui plaide devant les médias, cela, ça leur plaît : ils se sentent devenir les témoins d'un instant capital – à la fois à l'écoute et complices – et s'enivrent de l'illusion d'avoir à corriger une erreur qu'ils ont, de concert, fabriquée. Ce n'est plus de l'investigation, mais du frisson ! En forçant le trait, on peut soutenir que la vérité de l'accusation est à répudier doublement : parce qu'elle est la vérité et qu'elle émane de l'accusation.

Tout acquittement ne démontre pas, pour autant, l'innocence de l'accusé. Il y a des personnes qui sont déclarées non coupables parce que, à juste titre, on a tiré les conséquences de l'existence d'un doute substantiel. Mais la véritable erreur judiciaire se rapporte, à mon sens, à quelqu'un qui a été accusé ou condamné et dont on s'aperçoit après, par la découverte du véritable coupable, qu'il était innocent. Devant de tels scandales, je suis frappé par le fait que les « petits Zola » qui s'agitent dans la personnalité de certains de nos redresseurs de torts ne s'abandonnent pas à l'indignation et à la réflexion qu'ils auraient suscitées chez le grand Zola. C'est aussi un syndrome qui atteint des écrivains. Ainsi Jean-Marie Rouart s'est agité, sans avoir assisté au procès de Nice, en faveur d'Omar Raddad, et il a été condamné par la XVIIe chambre correctionnelle, puis par la cour d'appel de Paris, parce qu'il n'avait pas offert le moindre commencement de preuve au soutien non pas de sa conviction, mais de ses états d'âme. Croyez-vous qu'il en fut gêné, enclin au moins à une certaine mesure et retenue ? Pas le moins du monde. La Cour de cassation ayant rejeté, par un arrêt très dense, le 20 novembre 2002, la demande de révision présentée par Omar Raddad, M. Rouart se permet de dénoncer « une justice sourde et aveugle », « confisquée par des professionnels ». Et d'ajouter : « Je vais continuer, mais c'est triste. Jamais le fossé n'a été aussi grand entre la justice et l'opinion[1]. » L'opinion, ici, c'est lui-même, maître Jacques Vergès[2], le comité de soutien ! Qui dira les ravages profonds qu'opère sur un estimable romancier et essayiste la vanité de se croire investi d'une mission assumée avec légèreté (je rappelle que l'académicien n'a pas assisté au procès de l'ancien jardinier) et poursuivie avec malveillance et sans rigueur véritable ? Il croit aujourd'hui qu'obtenir le Mérite est la preuve décisive qui manquait à son argumentation[3] !

1. *Libération*, 21 novembre 2002.
2. Maître Vergès est l'avocat d'Omar Raddad.
3. *Le Figaro*, 11 décembre 2002.

Comme nous en sommes à la médiocre vulgarisation et utilisation de l'État de droit, peut-être convient-il de souligner une dérive qui entraîne un certain nombre d'aberrations et qui se rapporte à l'intrusion du judiciaire, au sens large, dans des émissions pour grand public ou prétendument culturelles. Je songe, par exemple, à *Ça se discute,* de Jean-Luc Delarue, ou à *Campus,* de Guillaume Durand. L'État de droit a ses exigences, mais encore faut-il que, mélangé à l'univers médiatique, son culte ne devienne pas absurde. Ainsi, *Campus* a consacré, au cours de la soirée du 3 octobre 2002, une vingtaine de minutes à la mort de Jacques Mesrine, en s'interrogeant gravement sur le point de savoir si l'État français (selon l'expression répétitive de Guillaume Durand) l'avait « exécuté » ou non. Il me semble qu'un tel débat, au sujet d'une personne qui avait toujours affirmé qu'elle ne se rendrait jamais vivante et qu'elle disposait de grenades à portée de la main, assassin professionnel de son propre aveu, avait un caractère franchement surréaliste et ridiculisait plus l'État de droit qu'il ne l'honorait. Cet État de droit dont on comprend mal comment il a pu, par une dénaturation perverse, être placé exclusivement au service des transgressions contre l'immense masse des citoyens qu'il devrait naturellement et d'abord protéger.

Que les proches de Jacques Mesrine – sa compagne, ses enfants – aient engagé une procédure pour connaître le détail d'une opération qui, au demeurant, dans sa brièveté inéluctable et tragique, semblait assez claire, et « éventuellement » pouvoir incriminer la police et ses responsables est tout à fait admissible. La démarche, sans doute, relève à la fois d'une douleur authentique et d'une stratégie de déstabilisation. L'étonnant est que tout cela soit amplifié et repris, si longtemps après, par des médias mélangeant l'information littéraire, la dénonciation politique et l'approximation judiciaire. Il manque, dans ces cénacles parisiens, la voix du bon sens et de la morale ordinaire. L'État de droit est un principe trop important pour être mis et dévoyé à toutes les sauces et à tous les sangs. Que dire, aussi, de ces publics spécialement composés qui applaudissent à la télévision des personnages venant se vanter d'avoir commis des agressions graves ou portant leurs condamnations comme autant de décorations ! Il y a des rires, des dérisions, une légèreté systématique qui blessent plus gravement la démocratie que n'importe quelle attaque frontale.

Il se produit, néanmoins, de vrais scandales, et *Le Figaro* du 16 juillet 2002 nous en a offert un exemple dramatique. Une personne, Jacques Hoffmann, soixante-douze ans, a été innocentée d'un crime parce qu'on a découvert, un an plus tard, le véritable coupable, grâce à l'ADN. Le plus troublant, et ce qui fait le plus peur, est que cet innocent, à plusieurs reprises, a avoué sa prétendue culpabilité. Certes, il était âgé, mais il faut admettre que de tels comportements peuvent survenir et qu'ils doivent nous rendre encore plus attentifs à la validité et à la fiabilité de l'aveu. Dans une autre affaire, un certain Michel Villain a passé deux ans et neuf mois en détention provisoire, accusé d'avoir tué sa mère et sa sœur. Il n'a jamais cessé de nier, les témoignages réunis contre lui semblaient, pour le moins, sujets à caution, mais il n'a dû sa libération qu'à l'arrestation de Louis Poirson, tueur en série présumé, condamné pour le double meurtre en septembre 2002, à Évreux. Si j'avais du temps, j'aimerais beaucoup écrire un livre qui ferait l'autopsie, en quelque sorte, d'une véritable erreur judiciaire. À quel moment les choses ont-elles basculé, où sont les responsabilités, police, gendarmerie ou magistrature ? Quel comportement personnel doit-il être mis en cause ? Notre procédure pénale ne porte-t-elle pas en son sein la contradiction absolue avec la présomption d'innocence qu'elle prétend vouloir sauvegarder ?

Pour en revenir aux journalistes judiciaires, je suis aussi sévère à leur égard qu'ils le sont, souvent abusivement, au détriment de la justice et de ceux qui la rendent. Il me semble que journalistes et magistrats ont quelque chose en commun.

Ces deux professions, ces deux vocations, ont la charge d'honorer une très belle exigence, un très beau principe, celui de la liberté d'expression et celui de la justice. En certaines circonstances, nous en sommes, les uns et les autres, des serviteurs sinon indignes, du moins discutables.

Je suis, depuis toujours, un lecteur frénétique – trois quotidiens par jour, trois hebdomadaires chaque semaine – et, par conséquent, j'estime avoir quelque titre à analyser, et comme citoyen et comme praticien, ces questions. Mais puisque je me donne le droit de critiquer vigoureusement, j'ose penser que mes éloges auront du prix. J'apprécie, dans la chronique judiciaire, Pascale Robert-Diard qui a heureusement succédé, au *Monde*, à Jean-Michel Dumay, Matthieu Aron à France-Info, Marie-Amélie Lombard au *Figaro* et, dans ses enquêtes sociologico-judiciaires, Marie-France Etchegoin au *Nouvel Observateur*. Dans le passé, j'avais beaucoup aimé le ton incisif et pertinent, l'intuition juste d'Emmanuelle Maurel au *Parisien*. C'est si bon de pouvoir jeter quelques roses !

9

Le procès en appel de Magali Guillemot

ou comment l'on tente de fuir les arrêts du peuple

(12-18 novembre 2001)

Plus qu'un procès, une première, et une succession de rebondissements judiciaires troublants. Les deux parents d'un enfant, Lubin, avaient été jugés d'abord par les assises des Hauts-de-Seine, à Nanterre, pour le crime de « violences habituelles » sur leur bébé, mort à deux mois après avoir enduré une série de sévices. Verdict : le père, Jérôme Duchemin, musicien, est acquitté. La mère, Magali Guillemot, ingénieur au Commissariat à l'énergie atomique, est condamnée à quinze ans de réclusion.

Bénéficiant de la toute nouvelle loi Guigou sur la présomption d'innocence, son pourvoi en cassation est transformé en appel. Mieux : bien que condamnée, elle est remise en liberté par la chambre de l'instruction de Versailles en attendant le second procès.

Première judiciaire et bizarrerie procédurale que n'avait pas prévue le législateur : Jérôme Duchemin passe du statut d'accusé à celui de simple témoin. La cour se retrouve face à un terrible dilemme, qui fait peser sur le libre jaillissement de l'intime conviction une contradiction fondée sur le rationalisme le plus pur : si elle suit la défense, représentée par maîtres Paul Lombard et Nathalie Senyk, et acquitte Magali

Guillemot, la mort de Lubin sera considérée comme n'ayant pas eu de responsable. Je suis également placé devant cette perspective, à laquelle s'ajoute une lourde pression médiatique pro ou anti-Magali Guillemot. J'ai déclaré d'entrée de jeu que l'éventualité d'un acquittement ne constituait pas, pour moi, un problème majeur. J'attendais de l'audience, et de l'audience seulement, une clé à l'énigme.

Je la trouverai non pas dans un mobile classique, mais dans le subconscient de l'accusée. C'est par conséquent un réquisitoire extrêmement psychologique que j'ai livré, convaincu au terme des débats, et plus précisément au dernier jour de ceux-ci, que Magali Guillemot était la seule responsable de la mort de Lubin. La chronique judiciaire relate au passage le très vif accrochage – j'y reviendrai – qui m'a opposé à Thérèse Ghesquière-Dierickx, ancien substitut général à Versailles et qui, à ce titre, avait rédigé les réquisitions préalables au premier procès.

Réquisitoire psychologique, donc, dans lequel j'ai essayé de cerner la personnalité de l'accusée, « à la fois coupable et victime », auteur de « ce crime de la solitude et de la détresse ». J'ai ainsi admis que la mère de Lubin ait pu être, à sa manière, une victime, mais c'est à l'encontre de la coupable que j'ai demandé dix années de réclusion. Le jury m'a suivi, en dépit des arguments développés par maîtres Lombard et Senyk. Je n'en démords pas, et soutiens que ce n'est pas parce qu'un avocat célèbre ne parvient pas à convaincre un jury qu'il faut parler d'erreur judiciaire.

Nouveau coup de tonnerre, le 11 juillet 2002 : contre toute attente, Magali Guillemot, qui avait discrètement déposé une demande à la fin du mois de juin, est remise en liberté par la chambre de l'instruction de Paris dans l'attente de l'examen de son pourvoi en cassation. Le parquet général avait, par écrit, demandé le maintien en détention. Mais, à l'audience, sa représentante – devenue, au mois de février 2003, directrice adjointe du cabinet du garde des Sceaux, ne s'était pas opposée à l'élargissement, avec un contrôle judiciaire. Aujourd'hui encore, je m'interroge sur la mansuétude dont a bénéficié Magali Guillemot.

Cette affaire me passionne, parce qu'elle est révélatrice d'un certain nombre de dysfonctionnements qui se rapportent, d'une part, à l'univers judiciaire proprement dit, d'autre part, au monde médiatique sollicité ou inspiré. Avant le procès de Nanterre, l'avocat général Thérèse Ghesquière-Dierickx avait vitupéré, dans ses conclusions écrites, le travail remarquable d'un juge d'instruction pour que soient renvoyés devant la cour d'assises deux accusés du même chef criminel, alors que les qualifications initiales, criminelle et correctionnelle, étaient les plus adaptées.

Tout cela s'accompagnait d'un flot médiatique unilatéral, à partir du compte rendu du procès de Nanterre, dont le but était de contester la décision des assises des Hauts-de-Seine et d'influer sur celle, à venir, des assises de Paris. Plutôt que d'un « complot » ourdi au bénéfice de Magali Guillemot, je parlerais plutôt d'une étonnante conjuration des médias, d'avocats et de certaines autorités judiciaires pour interdire à un jury de se prononcer en toute sérénité, accréditant l'idée que, en dépit d'une première condamnation, Magali Guillemot était, à l'évidence, innocente.

Pour toutes ces raisons, son procès en appel s'est ouvert dans un climat passionnel exacerbé. Le caractère extrêmement singulier du dossier était, je le reconnais, de nature à laisser craindre une éventuelle erreur judiciaire. J'avais le net sentiment que l'opinion ne serait pas prête à tirer les leçons du second procès si elles étaient défavorables à la cause de l'accusée. S'ajoutait à cela une hostilité générale tangible à l'égard de Jérôme Duchemin. Je trouvais qu'à partir du moment où l'on reprochait le crime aux deux parents, mais qu'un seul l'avait commis – ce qui était acquis –, il n'était pas anormal en soi que seule la mère en soit accusée. Certains estimaient que Jérôme Duchemin aurait dû être poursuivi pour non-assistance à personne en danger mais, je le rappelle, c'est bien ce qu'avait voulu le juge d'instruction, malheureusement contredit. J'étais favorable à ce que sa constitution de partie civile soit acceptée par la cour présidée par Didier Wacogne, ce qui n'a pas été le cas. Face à une situation exceptionnelle, elle aurait, je crois, pu innover en tentant une avancée juridique. Elle a préféré une sagesse moins dérangeante.

En tout cas, je n'étais pas d'entrée de jeu décidé à faire porter toute la responsabilité sur Magali Guillemot, pas plus que je n'avais la volonté forcenée de démontrer sa culpabilité. J'ai développé, le premier jour, un questionnement assez brutal, destiné à la faire sortir de sa réserve. J'étais curieux de voir ce qui se passait quand son être se libérait. Le dernier jour, c'est de Jérôme Duchemin que j'ai essayé de tirer les paroles qu'il avait retenues au long des débats : je l'avais surpris en train de pleurer, alors que personne ne le regardait. Il s'est effondré à la barre, et a révélé qu'il avait préféré être accusé à Nanterre que témoin ici. Ce moment d'intense émotion sera porté à son crédit. D'autant que j'attendais une réaction de la défense, qui serait venue « casser » ce climat rare et intense par un questionnement prosaïque tourné vers Magali Guillemot : maître Lombard s'était absenté, maître Senyk n'a rien dit. C'est sans doute à cet instant que le procès a basculé. C'est en tout cas à cet instant que j'ai pensé que le jury suivrait peut-être ma proposition de peine, parce qu'il avait pu percevoir intensément, et sans craindre d'être manipulé, la sincérité de Duchemin.

J'affirme que si je n'avais pas eu la certitude, à l'issue des débats, de la culpabilité de Magali Guillemot, je n'aurais pas hésité une seconde à requérir l'acquittement en dépit de l'absurdité judiciaire qui aurait résulté d'un tel verdict. Je n'aurais pas non plus été gêné d'imputer un rôle négatif à Jérôme Duchemin, si j'avais été convaincu qu'on pouvait lui reprocher le délit de non-assistance, même de manière symbolique puisque, juridiquement, plus rien n'était possible. Il se trouve que je n'ai pas jugé qu'on pouvait lui reprocher cela. En revanche, il était sans doute coupable de quelque chose d'infiniment plus grave, mais hors du champ judiciaire : la non-assistance, sur un plan moral, à son épouse en péril. J'ai été amené non pas à me faire l'avocat de Jérôme Duchemin, comme l'ont insinué certains médias, mais à défendre son statut de témoin. Celui-ci se trouvait, au fur et à mesure des débats, altéré par une sorte de parallélisme quasi lié à la procédure : ce témoin-là, peu à peu, faisait figure d'accusé. Certains m'ont également reproché de trier parmi les expertises psychiatriques de Magali Guillemot, pour ne conserver que ce qui servait la cause de l'accusation. Contrairement à ce qui a été prétendu, j'ai attaché du prix à toutes les expertises psychiatriques ou psychologiques de Magali Guillemot. Cela étant, j'ai le droit d'estimer que l'une est meilleure qu'une autre, plus approfondie, plus proche de la vérité de l'accusée. Je n'ai, d'ailleurs, pas été entièrement satisfait par l'ensemble de ces examens. Et c'est à ma demande que le docteur Michel Dubec a été entendu comme témoin. Il a apporté une lumière décisive aux débats.

Ce que beaucoup ont du mal à comprendre, c'est que la conviction d'un avocat général ne repose pas seulement sur les débats proprement dits, et l'enseignement toujours très riche de l'audience, mais aussi sur les rapports entretenus par les protagonistes. En l'occurrence, j'ai été frappé par la personnalité de Magali Guillemot, celle de ses parents, et leur histoire commune. C'est à partir des débats et de ces analyses périphériques que je me suis forgé une conviction. L'administration de la preuve, c'est à la fois des éléments matériels, l'analyse des rapports, le poids des personnalités... Ma conviction, donc, a commencé à naître lorsque j'ai compris que Magali Guillemot n'était pas une accusée comme les autres, et qu'on ne devait pas chercher un mobile extérieur à elle-même – comme, par exemple, la volonté de se venger de Jérôme Duchemin. C'était, au contraire, une problématique douloureuse qui se développait en elle, lui permettant d'apparaître agréable et sociable dans le monde extérieur. Elle pouvait entretenir d'excellents rapports avec tous les enfants qu'elle croisait. Mais pas avec Lubin qu'elle aimait cependant, bien que dépassée par l'univers terrible et insupportable qui était en elle.

Je la sentais structurellement bloquée, distante, incapable de faire passer ce qu'elle aurait souhaité transmettre. Elle me paraissait mal dans sa peau, en dépit des efforts qu'elle développait pour paraître plus à l'aise qu'à Nanterre. Magali Guillemot était, d'une certaine façon, touchante dans sa manière d'employer des petits mots affectueux comme « pitchoun » pour parler de Lubin, bien que cela tombât à plat et, au fond, l'accablât davantage. Une dernière sensation : Magali Guillemot a bénéficié de la chance véritable de n'être pas placée dans le box, puisqu'elle comparaissait libre – certains présidents n'auraient pas hésité à la faire asseoir à la place dévolue aux accusés. De sorte que Jérôme Duchemin, témoin, était encore plus pénalisé par cette proximité qui ne reflétait pas la différence des statuts. Mais je livre là des impressions. Ma conviction s'est forgée, comme je l'ai expliqué, sur d'autres éléments.

Magali Guillemot traversait des crises de profonde dépression. Elle attendait énormément d'une relation conjugale qui a été un échec. Elle ne pouvait pas en parler à son environnement proche. Pis : elle n'a cessé de lancer des appels au secours qui n'ont pas été perçus comme tels. Victime et coupable, donc, l'épouse insatisfaite, la femme non comblée, la mère soumise à des conflits intimes violents. C'est en prenant en compte ce double statut que j'ai requis dix ans de réclusion, au lieu des quinze prononcés à Nanterre. Ce qui a sans doute pesé lourd dans la décision du jury, c'est que les violences à l'égard du bébé n'ont commencé qu'à partir du moment où le couple n'a plus été ensemble à la maison, Jérôme Duchemin ayant repris son travail. Dans la journée, il était impossible à Magali Guillemot de ne pas voir les blessures qui auraient été causées par son mari alors que lui, rentrant tard, s'occupant du bébé rapidement et dans l'obscurité, pouvait ne pas les remarquer. En ce sens, j'ai la faiblesse de considérer que mon réquisitoire s'est fondé sur un certain nombre d'éléments tangibles et constatés, même si, bien sûr, il était nécessaire d'analyser psychologiquement Magali Guillemot pour élucider son comportement et proposer une peine équitable.

J'en reviens à Thérèse Ghesquière-Dierickx, l'ancienne avocate générale qui avait rédigé les conclusions écrites avant le procès de Nanterre, et qui avait été citée comme témoin par la défense. Un incident, que j'ai voulu violent, m'a opposé à elle. Cette personne n'avait strictement rien à nous dire qui puisse éclairer le procès en appel. Mais elle avait l'intention de nous confirmer oralement ce qui figurait déjà dans ses réquisitions écrites très hostiles à Jérôme Duchemin, prises en qualité de substitut général avant le procès de Nanterre. Pour parler net, que Magali Guillemot était innocente. Une telle attitude, pour le moins étrange de la part d'un magistrat, fût-il retraité, révélait, à mon sens, une grande frustration, une jalousie à l'égard de ses collègues et en tout cas un désir clairement exprimé de sauver la mise à Magali Guillemot et à sa défense. Pourquoi de telles certitudes, une telle connivence fuyant la vérité des procès plus qu'elles ne la souhaitaient, comme si l'essentiel était ailleurs ?

Choqué par ce témoignage à mes yeux trop engagé, je lui ai lancé brutalement : « Vous êtes venue nous dire quoi ? Qu'il faut acquitter Magali Guillemot ? » Le président Wacogne, à son tour, s'étonnera que Mme Ghesquière-Dierickx sorte ainsi de son devoir de réserve.

Au-delà de cette péripétie, le procès de Paris a été différent de celui de Nanterre sur le plan des témoignages. Lorsqu'en première instance des témoins ont été accablants, une tendance naturelle les pousse à adoucir leurs propos au second procès. Eux-mêmes sont soumis à la pression entre les deux audiences. Cela explique ce balancier entre des dépositions moins nettes à Paris qu'à Nanterre. Il me semble, cependant, qu'à la fin les deux camps qui se faisaient face au premier jour n'avaient pas modifié leur point de vue. Même si certains médias ont adopté, au fil du temps, un profil infiniment plus bas : j'ai senti nettement que les journaux qui avaient une opinion toute faite de l'affaire finissaient par rejoindre ceux qui voulaient demeurer plus objectifs. Pour schématiser, Magali Guillemot décrétée, auparavant, totalement innocente, devenait peut-être coupable.

Mon réquisitoire a été plus long que d'ordinaire, parce que j'ai tenu à consacrer une part non négligeable à la discussion, voire à la démolition, de ce dispositif pré-judiciaire que j'évoquais plus haut, résultant de la connivence entre la défense et certains médias. Je ne me suis, d'ailleurs, pas contenté d'attaquer le rôle de la presse, mais j'ai énuméré toutes les bizarreries qui avaient précédé le procès en appel. Celles-ci révélaient ou bien l'intérêt très fort que tel ou tel portait au sort de Magali Guillemot, ou bien d'autres phénomènes sur lesquels on ne peut que supputer. Quant aux jurés, je leur ai expliqué comment on avait voulu leur faire croire que ce procès était inutile, tant la cause était entendue. Il m'a semblé que flottait un léger parfum non pas d'arrogance, mais de supériorité sur le banc de la défense, comme si l'issue du procès lui serait évidemment favorable. Il est vrai qu'elle avait tant d'alliés par ailleurs... mais il ne faut jamais sous-estimer l'accusation. Ma péroraison, loin de représenter une offense ou une humiliation pour Magali Guillemot, était au contraire une manière de faire crédit à son for intime et douloureux : loin de tout et de tous, elle saurait s'avouer à elle-même une vérité insupportable.

J'évoque l'attitude de la défense, mais je n'ai évidemment pas à apprécier sa stratégie et sa tactique au cours des procès. J'avais connu maître Paul Lombard à la XVIIe chambre correctionnelle. Je le retrouvais, pour la première fois, aux assises. Rien, dans son attitude, n'a été de nature à me choquer. Je veux relever qu'après l'audience, pendant laquelle j'ai donc apprécié la parfaite courtoisie de maîtres Lombard et Senyk, quand le verdict de dix ans est tombé, l'accusée est partie sans un mot, très digne.

Tout condamné a le droit de former un pourvoi. Maître Lombard a soutenu que le procès de Paris n'était pas équitable, au motif que, le parquet n'ayant pas pu faire appel de l'acquittement de Jérôme Duchemin à Nanterre, Magali Guillemot se retrouvait injustement seule accusée à Paris. Pourtant, d'une part, le parquet n'aurait pas eu à interjeter appel de cet acquittement, rendu conformément à ses réquisitions. Et, d'autre part, qui pourrait oser dire qu'en appel Magali Guillemot a pâti de ces conditions ? Elle comparaissait libre, le président ne l'a pas placée dans le box des accusés comme je l'ai souligné. Elle se trouvait au même niveau que Jérôme Duchemin qui, lui, n'a pas cessé d'être accusé malgré son acquittement à Nanterre. Le parallélisme des formes a fait que, pratiquement, la cour d'assises avait devant elle une accusée explicite, qui pouvait tout dire, et un accusé implicite, qui devait se taire. J'ajoute et je répète que, si j'avais eu la certitude d'un doute substantiel en faveur de Magali Guillemot, j'aurais requis son acquittement. La reconnaissance de l'innocence est une exigence plus forte que celle d'éviter une anomalie judiciaire : un couple, un coupable, deux acquittements.

Mais il faut encore raconter le dernier épisode en date de cette extravagante procédure et, à nouveau, un étonnant succès pour la défense : Magali Guillemot, qui se trouvait en exécution d'une peine de dix ans de réclusion prononcée par la cour d'assises d'appel de Paris en novembre 2001, et qui avait formé un pourvoi en cassation, a été remise en liberté le 11 juillet 2002 par la chambre de l'instruction présidée par Jean Veille. En l'espèce, cette péripétie révèle moins l'innocence de Magali Guillemot que l'entregent de sa défense : tout cela s'est fait en « catimini », pour reprendre une expression de maître Lombard lui-même.

Mon étonnement – le mot est faible – était tel que j'ai accepté de dire dans *Le Parisien* tout le mal que je pensais d'une décision qui manifestait qu'en matière criminelle il fallait dorénavant parler d'une jurisprudence Guillemot (exceptionnelle) et d'une jurisprudence ordinaire[1]. Le lendemain de la parution de cet entretien, recueilli par Élisabeth Fleury, *Libération* en reprenait la substance en notant que, pour la première fois, je m'étais exprimé sans retenue et en soulignant que je n'avais fait qu'énoncer tout haut ce que beaucoup (avocats, magistrats et journalistes) soupçonnaient. En effet, pour prendre la mesure du scandale, il suffit de considérer qu'en cours d'exécution d'une peine criminelle, les moyens de recours étant épuisés – le pourvoi en cassation n'en étant pas un –, une accusée a été mise en liberté par une chambre de l'instruction à Paris, en juillet 2002. Les motivations de la chambre sont lapidaires comme si, plus les difficultés et le scandale étaient importants, moins il fallait les affronter.

Plus surprenant que l'arrêt lui-même : alors que le parquet général, dirigé par Jean-Louis Nadal pour lequel j'éprouve une amitié déférente et dévouée, n'a pas pour vocation naturelle d'entraver l'exécution des peines criminelles édictées par un jury d'appel, à Paris, en dépit de réquisitions écrites concluant au rejet de la demande de mise en liberté, l'avocat général siégeant à l'audience avalise la mise en liberté de Magali Guillemot, moyennant un contrôle judiciaire ! Il va de soi que l'avocat général qui avait officié lors du second procès et que la cour d'assises d'appel avait suivi en condamnant Magali Guillemot à la peine qu'il avait requise n'a été ni consulté ni même avisé par simple courtoisie. Cette démarche, contraire à l'indivisibilité du parquet général, ne peut manquer de susciter l'étonnement.

Compte tenu du tohu-bohu médiatique qui a suivi la condamnation en appel puis la libération de Magali Guillemot, Jérôme Duchemin s'est trouvé littéralement condamné au silence, alors qu'acquitté dès le procès de Nanterre, il est le

1. *Le Parisien*, 22 juillet 2002.

père d'un enfant que les violences habituelles de la mère ont tué. Le pourvoi examiné le 18 décembre 2002 n'y changeait rien, car la Cour de cassation n'est pas un troisième degré de juridiction : elle n'est plus directement concernée par les concepts et les principes qui doivent régir la démarche des juridictions statuant au fond : délai raisonnable, présomption d'innocence... Or, on n'entendait que Magali Guillemot, directement ou indirectement, par livre ou arrêt de chambre de l'instruction interposés.

Cet assourdissant silence de l'acquitté – seulement rompu par une interview de son avocat et un droit de réponse imposé à TF1 – s'expliquait psychologiquement, car la pression était si forte en faveur de Magali Guillemot, et son avocat sait si bien exploiter les décisions surprenantes qu'il obtient, que Jérôme Duchemin, sans doute, ne pouvait qu'être tétanisé par la peur. Je suis persuadé par ailleurs qu'il a dû subir un très fort préjudice social et professionnel à la suite de cette campagne unilatérale. C'est, souvent, l'un des paradoxes de notre justice contemporaine : on adore les coupables qui parlent, se répandent, se pavanent après les procès, mais on n'est pas loin d'exiger l'inverse des victimes : des uns, on attend l'exhibitionnisme, des autres une discrétion qui, subtilement et implicitement, les désigne comme coupables.

Bien sûr, rien n'est jamais couru d'avance. Je me souviens de ce qui était arrivé à Patrick Dils : il a obtenu un procès en révision sur la base d'un élément nouveau troublant – la présence de Francis Heaulme sur les lieux du crime de Montigny-lès-Metz –, tout était prêt pour sa sortie de prison, et les assises de la Marne l'ont condamné à vingt-cinq ans de réclusion. Il ne sera acquitté qu'à l'issue de son troisième procès. Peut-être les jurés se méfient-ils des verdicts qu'on leur présente comme évidents, et on peut en effet compter avec une rébellion d'un jury populaire contre une « vérité » prémâchée. Tout cela relève de supputations inutiles puisque le pourvoi en cassation a été rejeté le 15 janvier 2003 et que, l'arrêt de condamnation étant devenu définitif, Magali Guillemot a été réincarcérée le 31 janvier 2003. Il est intéressant de constater que, l'innocence n'étant plus exploitable judiciairement, sa défense envisage à présent le recours en grâce, le recours pour procès inéquitable et lance la théorie des « os de verre », offensante quand on connaît la réalité.

Il me semble choquant de minorer la gravité de cette « affaire Lubin » comme si elle ne nous touchait pas : c'est une histoire entre parents, ce n'est qu'un bébé, cela ne pourrait pas nous arriver... On discute du cas de Magali Guillemot comme si la mort de Lubin n'avait pas eu lieu et que l'accusée, condamnée deux fois, était devenue, de toute éternité, le personnage principal. Contrairement à ce qu'elle dit, ce n'est pas elle qui a pâti d'un « délit de sale gueule », c'est Jérôme Duchemin, qui ne cesse de payer le fait d'être antipathique. J'ai été particulièrement troublé par une des formules de Magali Guillemot, confiées au *Figaro* au lendemain de sa libération, dans l'entretien que nous avons déjà évoqué : « J'ai encore du mal à faire le deuil d'une justice que j'avais idéalisée », déclare-t-elle à Marie-Amélie Lombard, qui avait d'ailleurs suivi le procès de Paris avec beaucoup de rigueur : mais de quel deuil s'agit-il ? Qui est mort ? N'est-ce pas le petit Lubin ? Vraiment, cette formulation, dans la bouche d'une mère qui se dit inconsolable depuis la mort de son bébé, me plonge dans des abîmes de perplexité.

Magali Guillemot n'a pas, de mon point de vue, pâti d'un quelconque machisme judiciaire comme cela a été dit et écrit. Les modalités surprenantes de l'exécution de sa peine montrent, au contraire, qu'elle a bénéficié d'un étrange féminisme. Ce qui m'irrite le plus, c'est cette insinuation selon laquelle certains, moi le premier, auraient manifesté de l'acharnement à l'égard de Magali Guillemot, alors qu'ils demandaient simplement l'application des règles criminelles habituelles contre la justice d'exception dont, à plusieurs reprises, elle a bénéficié. Un journaliste d'investigation de talent – il en existe ! – devrait un jour, en « creusant », écrire l'histoire de cette affaire : trop d'anomalies et d'étrangetés répétées. Pour qu'on ait eu si peu de scrupules à tenir pour nuls, à deux reprises, les arrêts d'un jury populaire, c'est que quelque chose nous a échappé.

Quoi qu'il en soit, j'attends avec impatience, et une certaine curiosité, l'élargissement de cette jurisprudence Guillemot en matière criminelle dans une période où, très justement, on veut s'attacher à restaurer la crédibilité des peines et la cohérence de leur exécution. Cela ne concernerait-il que les prévenus et les accusés lambda ?

Un mot, pour clore ce chapitre, sur les médias. Je suis d'habitude assez sévère à leur égard pour ne pas reconnaître qu'ils ont fait aux assises de Paris un travail honnête et équilibré. Sauf une journaliste, Loly Clerc, qui avait publié une série d'entretiens avec Magali Guillemot entre les deux procès, et écrit pour *Le Point* un compte rendu judiciaire de mauvaise foi, entaché de multiples erreurs et approximations. Le livre écrit par Magali Guillemot avec Loly Clerc [1] est sorti peu après le second procès. Il a bénéficié de recensions dans la presse, certaines infiniment discutables car elles se fondaient sur une prétendue critique littéraire pour continuer le même travail de sape : mise en cause de la justice, innocence de Magali Guillemot, syndrome de l'erreur judiciaire. Loly Clerc, interviewée à deux reprises dans le magazine *Elle,* à plusieurs mois d'intervalle, a semblé manifester une évolution intéressante, passant d'une certitude proclamée sur un ton péremptoire (la faiblesse des amateurs leur donne tous les droits !) à l'affirmation plus modeste et réservée de sa seule subjectivité, « Je reste persuadée », qui ne vaut pas autant que les longues, intenses délibérations et confrontations des jurés.

Je n'ai à aucun moment été sollicité par les auteurs du livre. Cela ne m'étonne guère. Ce qui me surprend davantage, c'est de voir une femme condamnée à deux reprises pour des actes

1. *Moi qui n'ai pas tué mon fils, l'affaire Lubin*, Grasset, mai 2002.

graves sortir un livre comme si de rien n'était, avec l'aide d'une journaliste qui, à l'évidence, a trouvé un filon porteur dans sa détresse. Il y a eu aussi une plume réputée du *Monde*, Jean-Michel Dumay, esprit fin, délicat, bien qu'ayant une sensibilité en permanent désaccord avec les enseignements des procès. À tel point, tant sa propension à l'erreur était implacable, que pas une seule fois son compte rendu – stéréotypé à force de mettre en évidence ce qu'il appelait le « doute » – n'a été confirmé par les débats. Ni, bien sûr, par les arrêts rendus à Nanterre et Paris. Quand je constate quelque temps après que ce même chroniqueur judiciaire signe une critique très favorable – et très tendancieuse à l'égard de l'accusation – d'un livre écrit par Magali Guillemot et une consœur à lui, je m'interroge sur son sens de la déontologie.

J'ai tenté de réagir chaque fois que je lisais des relations de procès qui, sous sa plume toujours intelligente, étaient toutefois légèrement biaisées ou dénaturées par une opinion personnelle trop présente. Jean-Michel Dumay manifestait une telle impatience pour exprimer ce qu'il pensait, lui, qu'il n'accordait pas toute leur place aux faits et aux propos de l'audience. Je lui ai parfois écrit, mais il est évident que, même si les journalistes ne bénéficiaient pas d'une immunité pour leurs comptes rendus judiciaires, je n'aurais jamais eu l'idée d'exiger un droit de réponse. Je préfère écrire – je l'ai fait pour ceux qui rendaient compte du livre de Magali Guillemot d'une manière choquante – ou discuter « face à face ». Mais le dialogue est difficile avec des journalistes qui sont infiniment plus pétris de certitudes que certains avocats généraux ! Je veux bien admettre que n'ayant pas la qualité ou le vice de l'indifférence, ma passion peut risquer de me voir forcer le trait à l'égard de tel ou tel...

Bien qu'il ne soit plus en charge de la chronique judiciaire au *Monde*, Jean-Michel Dumay n'a pas totalement abandonné le registre qui lui tient à cœur. Ayant pleuré, m'a-t-on dit, lors de la condamnation de Jean-Marc Deperrois, le 25 mai 1997, par la cour d'assises de Rouen – où est, alors, la distance, le regard critique ? –, il a publié dans *Le Monde* daté des 24-25 novembre 2002 « une contre-enquête à l'appui de la révision du procès de la Josacine ». Le parquet général a requis, le lendemain, le rejet de la demande, et la Cour de cassation a statué le 16 décembre conformément aux réquisitions. Je ne conteste pas une seule seconde à quiconque le droit de s'interroger sur les arrêts. Mais la distinction doit être faite entre les doutes de l'esprit libre et les malveillances, les erreurs et les approximations de l'esprit prévenu depuis toujours – à la suite de quoi, et pour quels motifs ?

Même si je trouve choquante sa démarche éditoriale, je comprends bien que Magali Guillemot, enfermée en elle-même, ne puisse pas être d'accord avec la démarche et l'analyse que j'ai adoptées. Au procès, elle n'avait ni pu ni voulu entendre mes arguments. Coupable et victime pour moi, hier, elle le demeure aujourd'hui. L'exécution de sa peine pourra, à l'évidence, être effectuée selon les modalités les plus favorables. Ce n'est plus, j'ose le dire, mon problème. Telle est l'exigeante règle de l'univers judiciaire : on se bat avec transparence et vigueur lors des audiences, et pas dans leur périphérie ou leurs coulisses.

10

Éloge inattendu d'une crise féconde

Je prône une vision optimiste du système judiciaire français. Il est évident que des améliorations sont nécessaires et que des dysfonctionnements internes sont à l'origine du découragement de certains. L'opinion publique s'est ainsi émue lorsque Éric Halphen a jeté l'éponge, écœuré. Je ne partage pas cette commisération. Il ne faut pas avoir le nez sur l'actualité mais prendre du recul, de la distance. Quelle erreur, en effet, que de s'enfermer dans le présent en oubliant la longue histoire judiciaire – celle de chaque magistrat, si modeste soit-il.

Une carrière judiciaire, c'est une histoire de la justice. Comprenez, dès lors, comme l'effervescence et l'ébullition d'aujourd'hui me semblent presque déplacées quand on les rapporte à la situation de la magistrature et à l'état de la justice qui prévalaient lorsque j'ai occupé mon premier poste, en 1972. Si les médias ne sont pas capables de relativiser, faute d'une culture suffisante sur le plan judiciaire, c'est aux magistrats, aux avocats qui réfléchissent et qui veulent être honnêtes, de rappeler cette évidence : la formidable évolution de la justice, avec, d'une part, l'indépendance réelle des juges et, d'autre part, l'affaiblissement du pouvoir politique, celui-ci étant à la fois cause et effet des changements. Non pas que cette heureuse métamorphose doive nous faire tomber dans une béatitude idiote, mais tout de même ! Je veux bien que le juge Éric Halphen ait connu de graves déconvenues et subi d'intolérables atteintes qui, visant sa vie personnelle et familiale, avaient pour finalité de déstabiliser son existence professionnelle. Cela est connu, cela est exact. Mais cela justifiait-il le tintamarre avec lequel il s'est mis en disponibilité de la magistrature ? Gilles Gaetner a très bien fait le tour de la question dans un livre de polémique souriante et décapante [1].

J'ai moi-même été la cible de tentatives de déstabilisation, au début de ma carrière, qui m'ont durablement meurtri. Certes, ces manœuvres sont allées moins loin que celles, exploitant sa vie personnelle, qu'a dû subir Éric Halphen. Mais celui-ci pouvait-il réellement soutenir qu'il était obligé d'abandonner sa charge parce que la hiérarchie judiciaire, le pouvoir politique n'auraient pas permis aux informations « sensibles » de prospérer ? Pouvait-il sérieusement laisser croire, à partir de son expérience singulière et atypique, que la justice n'avait pas changé, que les faibles et les pauvres continuaient d'être accablés tandis que les puissants et les riches demeuraient protégés ? Pouvait-il honnêtement alléguer que sa maîtrise discutable des règles procédurales n'avait eu aucune incidence sur ses propres échecs judiciaires et, par voie de conséquence, sur la perte de confiance de ceux qui l'entouraient ? Peut-on, réellement, ne pas s'interroger sur son parcours après sa mise en disponibilité, dont il s'est lui-même moqué – les offres de service au parti socialiste, le ralliement faute de mieux à Jean-Pierre Chevènement, la défaite cuisante au premier tour des élections législatives, l'appel à voter pour Jacques Chirac –, et qui fait douter, rétrospectivement, de la fiabilité du magistrat en exercice ?

Éric Halphen, ce n'est pas toute l'instruction, ce n'est pas toute la magistrature. Il existe de grands juges qui continuent, dans le silence et la discrétion, d'accomplir un remarquable travail et qui bénéficient du climat de liberté régnant dans la magistrature depuis plusieurs années. Il faut cesser de fabriquer un défaitisme à partir de départs que j'ai d'ailleurs scru-

1. *Monsieur Halphen, vous n'avez pas tout dit...* Lattès, mai 2002.

pule à grouper, et qui n'ont rien signifié que la nouvelle orientation de destins personnels (Alain Marsaud, Anne-José Fulgéras, Éric Halphen, Éva Joly, etc.), pour, au contraire, se féliciter de l'immense majorité de la magistrature qui reste. Et qui, en dépit du discours ambiant, perçoit que les choses changent positivement, étant entendu qu'elle aura encore longtemps à exprimer une forte attente matérielle et financière.

La justice s'est améliorée. Pourquoi ne pas l'admettre? L'influence du Syndicat de la magistrature a été déterminante dans le passé. Puis, au cours de ces dernières années, l'effacement du pouvoir politique, tétanisé par ses graves maladresses, a favorisé l'accroissement du pouvoir des juges approuvés, dans leur combat politico-médiatique, par l'opinion publique et, de manière parfois démagogique, par des médias réputés – comme *Le Monde* –, mais sujets à une sorte d'élitisme populiste. Une forme de poujadisme judiciaire n'est pas loin de faire partie, aujourd'hui, de la panoplie de l'intellectuel parfaitement snob.

Ce corporatisme borné formule des récriminations globales et externes quand c'est, au contraire, à l'intérieur d'elle-même que la justice est atteinte et divisée. En effet, comment ne pas voir qu'elle est clivée entre une justice politico-médiatique, où la liberté du magistrat est totale et son indépendance assurée, et une justice du quotidien qui ne passionne guère les médias, qui désespère les citoyens et dont l'échec ne bouleverse pas assez les magistrats et leur hiérarchie? Le regard ne doit pas être le même sur la première où le pouvoir du magistrat est devenu tel – célébré de façon si obsessionnelle après tant d'années et une telle culture de dépendance et de servitude – que le risque est dans son excès, dans son abus, et non pas dans sa prétendue insuffisance. Quant à la seconde, la liberté du magistrat ne lui a pas donné la volonté forcenée de l'efficacité quantitative – juger vite, réduire les délais, répondre rapidement, se comporter comme un service public performant –, mais a nourri sa passion un tantinet stérile de l'approche qualitative. La nostalgie ou l'espoir du qualitatif permettent de théoriser nos médiocres résultats concrets et constituent une forme permanente de consolation.

Si je dénonce le pessimisme chronique non pas tant de l'institution judiciaire dans ses profondeurs que de ceux qui prétendent parler en son nom – syndicats, groupes de pression, associations, hautes personnalités, etc. –, c'est que je pense qu'il n'est pas une conséquence mais plutôt une cause de la crise. Il est évident que celle-ci existe, en mille endroits ponctuellement, et structurellement au cœur de la justice en action et de son rapport avec la société et les citoyens. Cette dernière crise, fondamentale, n'a rien qui doive inquiéter si on veut bien l'analyser correctement. Loin de représenter une dégradation continue et fatale du modèle ancien, elle est, au contraire, la manifestation, selon le sens que donnait Gramsci à la notion de crise, de la disparition du monde ancien et de l'émergence difficile, douloureuse mais porteuse de sens, du monde nouveau. La crise, c'est une porte qui grince. Elle a permis le départ des anciens temps, de la justice d'hier, mais elle est difficile à ouvrir pour l'irruption de la justice de demain et d'un pouvoir qui saurait être à la fois libre, mesuré et responsable.

Il y a là une éclatante avancée qui, parfois, est cachée même aux meilleurs observateurs parce qu'elle s'accompagne de scories et d'étrangetés qui ne la rendent pas immédiatement perceptible. Des chambres de l'instruction qui contredisent le parquet général ou infirment des juges d'instruction ; une controverse juridique qui oppose un procureur à son procureur général ; des tribunaux correctionnels réduisant à néant ou affaiblissant une accusation qui, tantôt, résiste ou, tantôt, s'effondre ; une cour d'appel qui semble plus indulgente qu'un tribunal dans l'appréciation d'affaires hautement sensibles ; un juge d'instruction en conflit judiciaire avec son procureur : autant de signes d'une contradiction qui naît ou renaît, d'une connivence suspecte qui meurt enfin, d'un regard qui devient ou redevient pluriel (au lieu que le télescopage complaisant des points de vue le rendait tristement singulier et donc appauvri). Autant de signes d'une justice qui apprend, enfin, la vie, la discussion, le débat, l'imprévisibilité que suscitent la liberté de l'esprit et l'honnêteté professionnelle (sauf à vouloir que tout soit verrouillé de toute éternité, et le demeure). Autant de manifestations de progrès et d'espoir.

Lorsque des avocats pugnaces découvrent que la procédure pénale est une arme, sa connaissance un bienfait, et qu'ils se battent loyalement et vigoureusement en faveur de leurs clients (célèbres ou non), lorsque la défense existe, c'est une immense chance pour la démocratie. Les juges, trop souvent mauvais joueurs, devraient s'en féliciter au lieu de s'en plaindre, sauf si des attaques personnelles ou sur l'environnement familial se substituaient à la controverse judiciaire. La justice me semble comparable à un immense corps endormi qui, depuis quelques années, s'éveille ou se réveille, s'ébroue, découvre, étonné et ravi, l'usage de ses membres, sent couler en lui la vie, le sang. Mais qui, également, s'enivre de sa force et de sa puissance, se laisse posséder par une volonté de domination et n'est pas loin de juger inconvenantes les résistances à l'accomplissement, qu'il souhaiterait fatal et inéluctable comme un décret, de toutes ses démarches.

Ce nouveau monde qui peine à venir ne va pas détruire le pouvoir du magistrat, il va, au contraire, l'accroître, mais son exercice s'opposera, heureusement, à des contre-pouvoirs de plus en plus assurés. J'ai, parfois, l'impression que la magistrature voudrait régner sur une « terre brûlée » d'une pureté absolue où plus aucun dérangement ni trouble ne serait causé par ces avocats, intrus mais irremplaçables pour la bonne conscience, qui ne cessent de mettre du doute, de la révolte, du dialogue dans les rouages et les têtes. Ce nouveau monde dont le visage commence à poindre, c'est la belle, la bénéfique crise.

Les crises ponctuelles, c'est autre chose. Ce sont les innombrables dysfonctionnements d'une justice qui refuse obstinément d'apprendre une culture du résultat. Les goulots d'étranglement, les retards scandaleux, les ratés d'une machine et d'une administration qui semblent, parfois, tourner au ralenti tout en déplorant l'immensité de leurs tâches, l'efficacité médiocre ou, pis, l'absence totale d'esprit d'entreprise, l'impatience, voire l'exaspération des citoyens devant la lenteur des réponses judiciaires qui arrivent trop tard ou sont insuffisamment expliquées – ces justices au quotidien, ici ou là, qui marchent mal ou ne marchent pas, ne sont pas inguérissables. Elles ne résultent pas d'une inaptitude structurelle mais de comportements déficients et d'une organisation sujette à caution. Pour peu qu'on mette à la tête des juridictions des magistrats animés, à la fois, par le souci de l'intérêt général, la passion du service public et le respect scrupuleux de la loi – ils existent, encore faut-il que notre système, Conseil supérieur de la magistrature (CSM) compris, accepte de les privilégier contre toutes les féodalités –, pour peu que l'on donne à ces chefs non pas seulement les moyens mais la liberté d'administrer au mieux et au plus efficace la collectivité dont ils ont la charge, nul doute, alors, que le visage de la justice en sera rapidement modifié et que la honte de ces carences qui révoltent légitimement le citoyen sera dissipée. Il ne suffit pas que la justice ait du pouvoir. Pour qu'elle marche, il faut que les meilleurs, dans notre univers, aient les pleins pouvoirs.

Le pessimisme chronique est clairement une cause de la stagnation du monde judiciaire : on baisse les bras avant de les utiliser, on n'a même pas envie de répondre aux défis puisque ceux-ci seraient, par nature, insurmontables. À force de se plaindre et de déplorer, on dépense, dans la lamentation et le ressentiment, une énergie qui est détournée de l'essentiel. Changer l'esprit, ce sera profondément changer le regard. D'une institution qu'on voudrait croire structurellement en péril – crise et justice seraient synonymes –, on passera, enfin, à un monde réformable par l'action, à un univers transformé par la volonté de la pratique et la pratique de la volonté et de l'autorité, l'autorité et le courage de l'autorité étant sans doute ce qui manque le plus à une bonne administration de la justice.

Dans cette atmosphère absurde de morosité générale, je tiens à saluer le propos d'un grand magistrat pourtant lucide sur ce qu'il convient de faire afin que la justice aille mieux. Renaud Van Ruymbeke, dans un entretien avec le procureur suisse Bernard Bertossa (plus convenu dans son humanisme correct), affirme [1] : « Ce n'est pas parce qu'un juge part que tout va s'arrêter. Une nouvelle génération arrive. Moi, je ne me sens pas usé. Plus le travail est difficile, plus il est motivant. »

Un jour, cette porte sur l'avenir, qui s'ouvre difficilement, lentement, sera grande ouverte.

1. *Le Journal du dimanche*, 17 novembre 2002.

11

Le procès d'Aloïs Brunner

ou la Shoah par contumace

(2 mars 2001)

Le réquisitoire a duré une quinzaine de minutes, alors que la lecture de l'acte de renvoi – poignante litanie de noms d'enfants juifs déportés et assassinés dans les camps de la mort – avait mobilisé deux greffières, près de deux heures durant. Le box était vide, car Aloïs Brunner, quatre-vingt-huit ans, était jugé par contumace. Nul ne pouvait, d'ailleurs, jurer qu'il était encore en vie. Mais comme nul ne pouvait non plus assurer qu'il était mort, il fallait bien que, pour une fois, ce doute ne profitât pas à l'accusé.

Aloïs Brunner fut l'un des artisans les plus productifs de la Solution finale. Nazi convaincu, antisémite enragé, organisateur d'une effroyable efficacité, il est directement responsable de la mort de quelque cent cinquante mille juifs européens. Réfugié en Syrie après la guerre et protégé par le régime de Damas, il a été débusqué par Serge et Beate Klarsfeld. Mais la France n'a jamais obtenu une extradition, qui semble au demeurant avoir été réclamée plutôt mollement...

Procès par contumace, donc, pour que la justice donne la main à l'Histoire et condamne, même symboliquement, un criminel impardonnable. Je faisais face à un box vide. Je me suis efforcé d'y placer l'image de l'accusé, interpellant l'assistance, nombreuse : « Êtes-vous bien sûrs qu'il n'est pas là ? Il a presque quatre-vingt-neuf ans, l'œil gauche en moins, il a du mal à se tenir au box car il lui manque quatre doigts à la main gauche. Pour moi, il est présent. Je n'ai pas le sentiment de requérir contre une ombre. »

Je voulais que mon réquisitoire, inspiré par « la mort qui dégouline des feuillets du dossier », frappe par sa relative brièveté et que le prologue sonne comme une oraison funèbre, le vaste prétoire pétrifié d'émotion se prêtant plus que jamais à cet exercice. C'est pour cela que j'ai commencé ainsi : « J'aurais souhaité qu'aujourd'hui ma parole fût silence, que mon esprit fût respect, que mon propos fût recueillement. » J'ai allumé à la fin une lueur inattendue, au moment où je demandais la plus lourde des peines en vigueur. Je me souviens également de la formule : « D'habitude, la perpétuité est une sorte de souffrance, même pour l'avocat général. Eh bien, étrangement, il y a aujourd'hui dans cette idée comme une joie sans mélange. »

La cour, bien sûr, m'a suivi et condamné le fuyard de Damas à la peine maximale. En entendant le verdict, j'ai à nouveau pensé à tous ces enfants dont les noms avaient été lus en début d'audience. Je me suis aussi rappelé le témoignage d'un rescapé de Drancy, que j'avais cité dans mon réquisitoire, publié le matin même dans *Le Figaro*. Le 31 juillet 1944, ce sont deux cent cinquante enfants qui ont été emmenés de Drancy vers les camps de la mort. Eux, ne savaient pas où ils allaient mais beaucoup d'adultes avaient compris. « Le matin, se souvenait le témoin, les petits sont descendus par les escaliers en se tenant la main, habillés comme des princes. Ils sont montés deux par deux dans les bus, comme pour une promenade... »

Pour la mémoire de ces victimes, mon souhait était que le procès d'Aloïs Brunner, même par contumace, eût une véritable portée. Il a eu lieu dans un contexte de retentissement médiatique et judiciaire, ce qui était la volonté des parties civiles, rangées sous la bannière honorable de maître Serge Klarsfeld et de son Association des fils et filles des déportés juifs de France. Nous étions, c'est vrai, complètement dans le registre symbolique, ce qui donnait une liberté absolue à l'avocat général. J'ai éprouvé la sensation étrange de requérir une peine évidente dans le cadre d'une cause incontestable.

Mon réquisitoire, je l'ai dit, a duré une quinzaine de minutes. Certains ont pu penser que c'était un peu court, au regard de l'horreur des crimes perpétrés par Brunner, et ce d'autant que la lecture de l'arrêt de renvoi avait duré deux bonnes heures. Mais il ne faut pas oublier que pour les procès en contumace, les réquisitions dépassent rarement la minute ! Même si j'ai été plus prolixe pour le dossier Brunner, je pouvais, en parlant peu, tenir un discours purement lyrico-historique. L'affaire était tellement dépourvue d'incertitude qu'il n'y avait pas de travail sur le doute, pas de démonstration à accomplir. Je me trouvais forcément dans une familiarité nécessaire avec une mythologie de l'horreur indiscutable.

Je m'efforce, dans l'exercice ordinaire de mon métier, de ne jamais placer au premier plan la sensibilité ou les épanchements. Non que je les trouve méprisables, mais parce que je les crois dangereux pour l'élaboration lucide d'une conviction. Mais, au procès d'Aloïs Brunner, il est évident qu'en entendant la lecture de l'arrêt de renvoi, cette litanie de noms qui évoquaient les images d'enfants, voire de bébés, ou de personnes très âgées, entassés dans des trains et assassinés à Auschwitz, je ne pouvais pas ne pas me laisser envahir par une profonde tristesse. Ne pas avoir laissé transparaître cette émotion-là dans mon réquisitoire aurait pratiquement relevé de la faute technique ! Une part de sensibilité non dissimulée apportait, somme toute, le poids de la vie dans un dossier qui croulait sous celui des morts. Ce sont les vivants qui ont condamné Brunner, l'artisan zélé de la Solution finale.

Les parties civiles, de leur côté, ont davantage livré des exposés historiques que des plaidoiries. Elles avaient en outre à affronter un handicap qui m'était étranger : chacune voulait un peu s'approprier les tragédies, dans une sorte de lutte d'influence assez tangible. Elles étaient physiquement très présentes – la salle était pleine des membres de l'association de Serge Klarsfeld – et, de ce fait, exerçaient sur moi une pression légitime. Cela ne constituait pas, en l'occurrence, une difficulté particulière. Il peut arriver, en revanche, que des pressions s'exercent de manière plus diffuse et soient alors plus difficiles à supporter. Ce fut le cas, notamment, dans l'affaire Bouraam, que nous avons déjà évoquée.

Dans les nombreuses plaidoiries que l'audience m'a permis d'entendre, quelques-unes, rares, m'ont frappé, sur ce thème nécessairement et horriblement égrené du génocide juif, par la nouveauté forte et à la hauteur de l'enjeu de leur argumentation. La plupart relevaient de l'exercice obligé et, pour tout dire, ennuyeux. Si je connaissais la rigueur et l'intégrité de l'historien Serge Klarsfeld – il n'a jamais prétendu briller des qualités de l'avocat –, en revanche, j'ai été frappé par le contraste entre l'image médiatique de son fils Arno et sa piètre prestation judiciaire (lecture d'un texte sur un ton sans éclat). Parenthèse médiatique récente : quelle tristesse de voir cet avocat jeter un verre d'eau en guise d'argument, quel infini signe de faiblesse !

Pour en revenir au procès dans sa globalité, j'ai bien conscience qu'il était très exceptionnel. J'ai connu une époque où, dans les contumaces, on n'examinait pas, loin s'en faut, le fond des dossiers. On expédiait l'audience et, à la suite d'un délibéré symbolique, la cour prononçait la peine maximale prévue par le Code pénal. Je pense, par exemple, à François Besse [1], qui avait été condamné à mort par contumace pour une attaque à main armée qui n'avait fait aucune victime et au cours de laquelle il n'avait même pas tiré un coup de feu.

Aujourd'hui, on fait un peu plus attention. Il faut convoquer l'avocat de l'accusé qui fait défaut, et la défense peut même faire appel du verdict. Même si ce formalisme peut sembler

1. Voir chapitre 13.

irritant et presque injuste, l'accusé, en ne comparaissant pas, ayant assumé d'être jugé à ses risques et périls, je suis obligé d'admettre qu'il comporte une conséquence positive. Quelles que soient les circonstances, le magistrat est placé, par la loi, dans une situation qui ne lui permet aucune distraction ni facilité. Heureusement pour lui, on l'aide sans cesse à ne pas vivre la justice comme si elle allait de soi. Il ne peut s'offrir le luxe d'être étranger au procès, au prétexte que l'accusé en serait absent. La justice, c'est sans doute cela aussi : non pas seulement ce qu'on doit aux autres, mais ce qui s'impose aux juges, les tient et les maintient droits.

Le procès d'Aloïs Brunner, immense hommage, célébration judiciaire de la mémoire, théâtre funèbre, n'a pas été vain.

12

Une magistrature responsable au service du peuple

À force de répéter que la justice n'est pas un service public comme les autres, on a répudié les notions de base comme l'efficacité, la célérité et la responsabilité, au profit du culte de la perfection formelle des démarches juridiques. J'ose dire qu'on pourrait souhaiter, sans rougir, que la justice soit gérée comme une entreprise dans ses structures matérielles, dans l'organisation de son ministère, dans l'administration des palais de justice et dans sa matière même : il s'agit de cesser d'opposer la qualité à la quantité, pour n'avoir jamais à affronter le jugement impitoyable de celle-ci et comme si celle-là, offerte trop d'années après, avait encore du sens. Les concepts d'entreprendre et d'entreprise, s'ils peuvent donner de l'urticaire à tous ceux qui sont quiets au sein de l'irresponsabilité de la fonction publique, renvoient à des missions qui pourraient être exaltantes.

Le dernier exemple des dysfonctionnements de la Chancellerie : le sénateur Haenel révèle, en décembre 2002, qu'il attend depuis six mois un accusé de réception d'un dossier adressé par lui place Vendôme, et s'en indigne[1]. S'il savait à quel point sa colère est roborative et, en même temps, stérile ! Il y a bien longtemps que répondre aux courriers, à tous les

1. *Le Figaro*, 10 décembre 2002.

niveaux, n'est plus une activité naturelle. L'accusé de réception devient un miracle.

Je ne vais pas me faire le zélateur d'une justice au mètre ou au poids. Il n'en reste pas moins vrai que l'approche quantitative serait d'autant plus nécessaire qu'elle nous sortirait de ce système d'évaluation absurde, dans lequel on a l'impression que ce qu'on fait mal ou médiocrement – ou qu'on ne fait pas – n'a rigoureusement aucune incidence sur la réputation professionnelle de quiconque, de la base au sommet. J'incline à croire, avec un peu d'ironie, que le talent et la qualité sont dérangeants et que, pour bénéficier de responsabilités exceptionnelles, mieux vaut « faire les couloirs », « se faire bien voir » et demeurer d'une honnête médiocrité, qui ne fait peur à personne.

Et que, à rebours, le travail remarquable n'est jamais apprécié à sa juste valeur parce que, précisément, il sort de l'ordinaire. Longtemps, toutes tendances politiques confondues, on a demandé compte aux magistrats de ce qu'ils pensaient (contrôle idéologique) plutôt que de ce qu'ils accomplissaient (absence de contrôle professionnel). Aujourd'hui, si le premier contrôle n'existe plus dans sa pureté, le second n'est pas mis en place. Pis, l'excellente idée de la commission des justiciables, lancée par Élisabeth Guigou, a été abandonnée pour des motifs politiques avec l'aval de la plupart des magistrats, à commencer par leurs syndicats qui, sur le plan du contrôle du pouvoir judiciaire, sont clairement des blocs de conservatisme. Pas touche aux magistrats ! Cette commission aurait présenté l'heureux avantage de confier sinon le contrôle, du moins le signalement des comportements médiocres, aux justiciables. Ceux-ci, alertant la hiérarchie, l'auraient contrainte à agir, en dépit du corporatisme massif qui nous plombe. Surtout, les inadmissibles lenteurs auraient été connues et dénoncées, et c'est le pire des maux. Le lien démocratique entre la justice et la société aurait été non seulement développé par le mouvement de la première vers la seconde, mais par le contrôle de la seconde sur la première.

Faute de cette instance extérieure, il serait judicieux d'encourager un contrôle professionnel, de demander à tous les chefs de service : dans quel état avez-vous trouvé votre département, et dans quel état le laissez-vous ? J'entends bien qu'une comparaison quantitative – même affinée – pourrait conduire à des approximations, à certaines injustices, mais, pour l'essentiel, elle donnerait aux compétences et aux réputations une assise qu'elles n'ont pas actuellement, du plus novice des magistrats au hiérarque le plus éprouvé. Les premiers ne deviendraient pas forcément les derniers, mais la hiérarchie de la justice serait sans doute opportunément bousculée ici ou là. On ne songe même pas à mettre en œuvre une surveillance aussi simple. La raison en est évidente : elle aurait le grand désavantage de s'appliquer à tous, de montrer que base et hiérarchie sont embarquées dans le même bateau, soumises au même destin et qu'aucun privilège ne serait concédé à ceux qui détiennent le pouvoir dans notre système, au détriment des soutiers et des fantassins. On s'arrangera, toujours, pour que ne soient pas examinées avec réalisme et équité les attitudes professionnelles de chacun – de manière interne ou externe.

La polémique engagée par Éric de Montgolfier à la suite de la publication d'un pré-rapport de l'Inspection générale des services judiciaires sur le fonctionnement du tribunal de grande instance de Nice, est très significative. Se réfugiant derrière le fait qu'il avait lui-même demandé une inspection, le magistrat s'étonne, s'offusque de la teneur d'un texte qui évoque notamment une « dégradation irréversible » du climat de travail. Éric de Montgolfier, après son combat singulier à Valenciennes contre Bernard Tapie, s'est vu confier le parquet de Nice. Depuis environ quatre ans, pour ceux qui s'intéressent à la chose judiciaire, le résumé suivant de la situation pourrait être fait : la juridiction a été mise à feu et à sang ; il y a les réseaux francs-maçons disposant de relais dans la magistrature ; le procureur n'a pas les moyens suffisants pour accomplir sa tâche. Protégé par sa médiatisation, Éric de Montgolfier bénéficie d'une sorte de présomption de vérité : on se garde bien d'aller vérifier si la réalité judiciaire de Nice correspond, ou non, à ce qu'en dit le magistrat. Deux députés socialistes, que je connais et que j'estime, volent à son secours, par principe. L'étonnant, et j'en viens à l'absolue nécessité du contrôle professionnel que j'évoquais plus haut, c'est que l'opinion publique est totalement désarmée devant une controverse qui ne lui est pas lisible.

Pour l'éclairer, et tous les professionnels du droit et de la justice avec elle, il aurait suffi qu'un état complet du parquet de Nice ait été effectué lors de la prise de fonction d'Éric de Montgolfier, et qu'il soit comparé avec celui qui pourrait être établi maintenant, avec un laps de temps suffisamment long pour que la politique mise en œuvre, l'action ou l'inaction, les résultats, puissent être évalués de manière fiable. On verrait alors si, en plus des incessantes mises en représentation personnelles, en dépit du grave incident opposant le procureur au juge Renard, quelque chose a été accompli qui rend, aujourd'hui à Nice, la justice plus performante qu'hier, quantitativement et qualitativement. Un point, c'est tout. Il est frappant de voir comme des esprits les plus libres (le crime d'Éric de Montgolfier serait seulement d'avoir « attenté au corporatisme ») aux personnalités les plus conformistes, l'unique contrôle valable serait celui qui validerait le discours ressassé de la magistrature : on est en place, on est en charge, mais on ne peut rien faire, on n'a pas de moyens, les autres sont méchants. C'est un peu court. Et si, un jour, on acceptait de battre notre coulpe sur nos propres poitrines, et non sur celles des autres, puis d'en tirer les conséquences ?

Mais, me dira-t-on, la passion des statistiques, égrenées presque avec contentement chaque année, constitue un outil d'évaluation scientifique. Ces statistiques sont l'arbre qui cache la forêt. L'obsession du chiffre dissimule le fait qu'en profondeur nous n'avons aucune approche quantitative sérieuse du comportement judiciaire de chacun. Ce contrôle professionnel aurait le formidable effet – et c'est sans doute pour cela, aussi, qu'on n'y songe même pas – de sortir l'institution judiciaire de son discours complaisant sur la crise. Je crois en l'homme plus que dans les structures. J'ai souvent l'impression que le discours sur les changements structurels n'est que le moyen noble d'échapper à l'urgence et au risque de l'action personnelle. À force de reporter à demain, et donc à jamais, ce qui, paraît-il, viendrait créer les conditions d'une justice idéale, on omet le poids d'aujourd'hui et les infinies richesses immédiates que pourraient prodiguer le volontarisme, l'autorité, l'esprit d'entreprise et le respect du citoyen. Le plus rageant, c'est de sentir qu'à chaque seconde, par la simple émergence d'une pratique judiciaire digne, rapide et responsable, on pourrait changer le regard de tous sur notre justice et que, pourtant, on néglige cette fantastique opportunité de métamorphose. C'est donc le contraire qui se produit : les avancées de l'institution judiciaire, devenue plus libre et plus indépendante mais malheureusement toujours aussi gémissante, sont chaque fois contredites par l'irruption scandaleuse et dévastatrice de comportements qui viennent ruiner l'acquis et décourager encore davantage la société. Le contraste est insupportable – et à force ridicule – entre le formidable pouvoir dévolu aux magistrats (et il a une traduction concrète) et la banalisation qu'entraîne leur discours plaintif et minimaliste. Grands, ils voudraient avoir le droit de protester comme les petits. Petits, ils voudraient tout de même être pris pour des grands. Il faut choisir : petits fonctionnaires dans l'âme, ou magistrats de haute volée.

Le pire défaut de notre hiérarchie judiciaire, globalement entendue, c'est de n'être absolument pas soucieuse de l'image que nous donnons de nous-mêmes : les affaires « sensibles » et symboliques sont souvent confiées aux magistrats les moins faits pour les traiter. C'est le syndrome très français du *Mariage de Figaro* dont une tirade me revient à l'esprit : « Le désespoir m'allait saisir ; on pense à moi pour une place, mais par malheur j'y étais propre : il fallait un calculateur, ce fut un danseur qui l'obtint. » Je vais illustrer mon propos par un exemple particulièrement frappant. Une décision de justice a provoqué un scandale en juin 2002 : l'arrêt de non-lieu général rendu par la chambre de l'instruction de Paris dans le dossier dit « non ministériel » du sang contaminé.

J'ai pris connaissance de cette décision comme tout le monde, à travers la presse. J'ai d'abord été surpris par les conditions de sa communication aux parties civiles : l'arrêt n'était pas même rédigé au moment où la chambre en a révélé les conclusions, de manière lapidaire. On ne jette pas, au terme d'années et d'années de procédure, une décision d'absolution de cette manière provocante et, pour tout dire, méprisante, comme on jetterait un os à son chien. Sans aborder le fond du dossier, que je ne connais pas dans le détail, je relève que cette attitude est une catastrophe qui va encore aggraver la piètre image de la justice dans l'opinion. On dirait qu'avec une sorte de masochisme certains magistrats accumulent les motifs de discrédit de l'institution à laquelle ils appartiennent. En plus de ce mépris, on constate les conséquences de la profonde désorganisation matérielle ayant entouré la frappe de l'arrêt. Cela n'est pas sans rappeler la désorganisation que l'on retrouve dans beaucoup de secteurs de la vie judiciaire.

L'affaire du sang contaminé est trop sérieuse pour être réduite à une question de secrétariat ou de photocopieuse. Au vu de la rédaction approximative de l'arrêt controversé, des contradictions grossières qui ont conduit le parquet général à former un pourvoi en cassation, on ne peut pas ne pas s'interroger sur les compétences de cette formation de la chambre de l'instruction, présidée par Francine Caron. Il y a des situations extrêmement humiliantes, car elles donnent de la justice une image de pauvreté mais aussi, surtout, d'impuissance. Je suis, par surcroît, convaincu que la façon dont cet arrêt capital a été rendu fait également réfléchir sur le mode de désignation des magistrats qui seront en charge des « grandes » affaires. On ne peut pas occulter obstinément ce problème et laisser le hasard décider. Je note, à ce propos, que les syndicats de magistrats se sont offusqués de ce que le garde des Sceaux, Dominique Perben, et le procureur général de Paris, Jean-Louis Nadal, se sont concertés avant d'annoncer un pourvoi en cassation contre l'arrêt de non-lieu. Or, cette démarche préalable me paraît naturelle. En revanche, les mêmes syndicats n'avaient pas songé à mettre en cause la responsabilité de la chambre de l'instruction, ne serait-ce que pour la manière dont elle a rendu sa décision : j'y vois, là encore, l'expression d'un corporatisme déplorable.

Au risque de défendre un certain élitisme, je crois profondément que certaines affaires, qu'on peut qualifier de « grandes » dès l'origine, doivent être confiées à de « grands » magistrats, seuls ou en collégialité. Qu'est-ce qu'une grande affaire ? La définition s'impose d'elle-même : c'est un dossier qui, par la nature des faits, par la qualité des personnalités susceptibles d'être mises en cause et en raison des principes à débattre, peut profondément bouleverser l'opinion publique d'une part, conduire la justice à s'interroger durement sur elle-même d'autre part. Le scandale du sang contaminé porte en lui suffisamment de questions judiciaires et de destins anéantis sans qu'il soit besoin d'être d'une clairvoyance supérieure pour y voir l'une de ces « grandes affaires ». L'arrêt de la chambre de l'instruction n'était pas suffisamment étayé au regard de l'enjeu : quatre ou cinq pages d'analyse, c'est dérisoire et choquant. Résultat de ce dysfonctionnement : plus personne ne s'attache à l'examen du fond, seule la forme nourrit le débat. Il y a quelque chose de frustrant dans cette évolution de la justice qui, sur certains points importants – liberté, indépendance des magistrats –, avance, et qui, sur d'autres, stagne ou régresse à cause de comportements professionnels individuels.

L'évolution positive de la justice risque, c'est vrai, d'être à usage purement interne si on ne lui assigne pas comme objectif fondamental de satisfaire le citoyen. Il serait terrible que celui-ci en arrive à croire que les progrès de la justice sont exclusivement destinés aux magistrats et aux avocats, alors que leur finalité est seulement de rendre le justiciable sinon content, du moins un peu moins mécontent. Il est d'autant plus crucial de s'attacher aux formes de l'acte judiciaire, à la manière dont on le communique, que la justice, par nature, ne peut faire qu'un heureux sur deux – dans le meilleur des cas. L'arrêt concernant le sang contaminé, comme d'autres décisions, rappelle à quel point la justice devrait intégrer les notions de politesse, de respect, de savoir-vivre. Encore une fois, on ne jette pas une décision comme un os à un chien. Une telle humiliation crée, d'abord, une révolte due à cette humiliation, avant que, peut-être, une révolte intellectuelle et judiciaire naisse de l'arrêt lui-même.

La conséquence de tout ce que je viens d'évoquer, ce sont notamment les cris des familles de victimes du sida qui sont sorties de la salle d'audience en hurlant : « Justice de merde ! » Je suis à la fois heurté et compréhensif. Heurté, parce que ces personnes, même devant un arrêt de non-lieu parfaitement motivé, auraient eu ce sentiment de révolte. Compréhensif, car de tels propos étaient inévitables à partir du moment où, en face des victimes, la justice se posait en pouvoir dominant, aveugle à tout ce qui n'était pas elle.

Souvenons-nous de la mise en liberté d'un malfaiteur patenté, Jean-Claude Bonnal, *alias* « le Chinois », qui avait soulevé la même question au sujet d'une autre formation de la chambre de l'instruction, car il avait été soupçonné d'avoir récidivé gravement, sitôt sorti de prison. On se trouve face à la liberté du magistrat qui a pris des formes extrêmement discutables. Ces formes ne relèvent pas, à mon sens, du domaine disciplinaire, mais peut-être, encore une fois, de ce que l'on est en droit d'exiger d'un magistrat dans toutes les manifestations de sa pratique. Il doit être quelqu'un qui, non seulement, rédige un arrêt ou un jugement, mais qui sait, aussi, tenir compte de la sensibilité et de l'émotion de ceux auxquels il s'adresse. La justice est une globalité : il faut refuser toute parcellisation de commodité ou de paresse. Ce qui me choque, c'est l'indignation des magistrats lorsqu'on évoque l'exigence de responsabilité. Entre l'indépendance totale du juge et sa faute disciplinaire, il existe, indiscutablement, des comportements qui posent problème et qui mériteraient une réflexion sereine. L'État de droit ne peut pas, ne doit pas être un monstre froid.

À ce stade, il faut parler du Conseil supérieur de la magistrature, présidé par le chef de l'État, et qui est censé sanctionner les dérapages individuels les plus graves. J'avoue que la volonté presque unanime des magistrats de voir consacrer un rôle encore accru au CSM, la volonté de l'avant-dernier CSM, dans son « testament », d'échanger un peu de la liberté de la magistrature contre le pouvoir qui lui serait dévolu d'intervenir pour toutes les nominations, ce qu'on dit du CSM, l'omnipotence syndicale de l'USM[1] légèrement ébréchée aujourd'hui par le SM[2], les chapelles et les luttes de clan qu'on y devine, les procédés utilisés – audition des candidats – à la limite de l'infantilisation, tout cela n'est guère enthousiasmant. En effet, au sujet de ce dernier point, quoi de plus absurde que d'imposer à des candidats la formulation de projets sur des réalités encore inconnues d'eux ? C'est un procédé à la fois humiliant et artificiel.

Plus généralement, il me semble que ce type de commission, même avec des représentants élus et d'autres personnalités désignées, reste très fortement tenté par un corporatisme lourd. Au-delà des divergences syndicales, on risque de voir en permanence la réflexion nécessaire arrêtée dans sa richesse et sa liberté par le souci prédominant de défendre le corps. Et de ne rien penser qui puisse porter atteinte à la magistrature collectivement entendue. Je pense que l'un des blocages fondamen-

1. Union syndicale des magistrats, organisation présentée comme modérée et très largement majoritaire à l'issue des scrutins professionnels.

2. Syndicat de la magistrature, très marqué à gauche, seconde organisation professionnelle depuis que l'USM l'a détrôné.

taux de la justice, c'est justement ce corporatisme compact qui fait que ce qui est souhaitable est étouffé dans l'œuf : on n'est jamais prêt à sacrifier ses intérêts immédiats au profit d'ambitions plus vastes. C'est comme une énergie dont la seule aspiration serait de demeurer inerte.

Le handicap rédhibitoire du CSM réside surtout dans le fait qu'il est composé de magistrats, et qu'il est toujours plus difficile de porter un regard objectif sur ses pairs. Je ne suis pas sûr que, en dépit de l'honnêteté de ses membres, un tel conseil avec dix magistrats et onze personnalités extérieures soit la meilleure instance pour discerner les bons et les mauvais, favoriser les compétents et les actifs au détriment des autres. Faut-il, d'ailleurs, demander cela au regard judiciaire ? Est-il le mieux placé pour juger le judiciaire ? On peut en douter quand on voit la manière dont sont créées certaines réputations ou construites certaines carrières. Comment une assemblée de collègues pourrait-elle se dépouiller de tout l'humus subjectif pour venir apprécier d'autres magistrats ? Et sur quels critères, d'ailleurs ? On ne les connaît pas, sauf pour l'ancienneté requise. Mais les vrais paramètres ? S'il faut, à toute force, une instance propre à la magistrature, je préférerais un conseil du type de celui de la IVe République, avec une représentation politique pluraliste et contradictoire. Il me semble qu'il serait permis à ce regard-là d'être plus objectif et, surtout, dégagé de tout repliement sur soi. Mais je crains qu'on ne s'oriente vers un processus absolument inverse, tant est forte cette symbolique pourtant discutable qui veut que le judiciaire doive être totalement géré et contrôlé par le judiciaire. Je ne suis pas persuadé que l'on puisse respirer normalement lorsque toutes ses fenêtres sont fermées. La fermeture sur soi d'une institution peut donner l'illusion d'un progrès, mais, en réalité, elle signe la peur et le désarroi. L'ouverture sur la société est la manifestation d'une force.

Cela est, peut-être, valable pour toutes les corporations, mais ce n'est pas une consolation. On a, parfois, l'impression qu'être magistrat, c'est une position, un état, une place, une rente, un confort, un acquis. Alors que, profondément, on n'est magistrat que par adhésion à certaines valeurs communes et à un type de comportement au service du citoyen. Le repli est, par surcroît, le meilleur allié des « réseaux » influents dans le déroulement des carrières, sans considération pour les qualités réelles des magistrats. Il y a des réseaux syndicaux. Chacun sait que le Syndicat de la magistrature, par exemple, a été très influent sous la gauche. Des promotions ont pu être accordées à des magistrats parfois remarquables sur le plan de l'intelligence, mais limités par une vision purement politique de la justice et qui se sont engagés sur des chemins plus partisans que techniquement valables, ce qui est grave. Il est abracadabrant d'entendre des juges commenter des lois fraîchement votées par le Parlement, en clamant haut et fort qu'ils ne les appliqueront pas. Un magistrat ne peut pas critiquer des lois démocratiquement adoptées, qui visent à favoriser l'action de la police et de la justice. Pour ce qui est de l'autre bord, je me souviens d'avoir été traîné dans la boue par le journal de l'Association professionnelle des magistrats, syndicat très à droite, après avoir écrit que la première cohabitation avait été la pire période pour la justice en raison des accointances non dissimulées de certains hommes politiques et de magistrats.

Il existe aussi un réseau des secrétaires généraux, qui préside à la cooptation au sein d'une pseudo-élite judiciaire. Un réseau, aussi, de membres de cabinet : voyez comment l'ancien cabinet Toubon a été partiellement recyclé auprès de Dominique Perben ! Le plus troublant, c'est que ces réseaux fonctionnent et permettent à ces magistrats de progresser dans leur carrière sans qu'on cherche jamais à savoir s'ils ont fait leurs preuves dans leurs postes successifs... Je ne crois pas, en outre, à toute une mythologie qui glorifie le collectif parce que c'est ronflant et que cela protège : les comités, le travail en équipe, les structures, les associations, tout ce qui permet à chacun d'échapper à sa responsabilité personnelle et individuelle. Je crois à l'individu contre la massification, à la liberté et à l'intelligence contre les grands organismes mous et inutiles, à l'honnêteté et à la transparence contre les clans, les réseaux et les solidarités douteuses. Je crois à la justice, je crois qu'on peut faire bouger les choses et animer les gens. Le triomphe des médiocres n'est pas inéluctable. Comme Flambeau, je me sentirais volontiers le défenseur des anonymes et des discrets dans la magistrature. Ce qui me navre, c'est qu'actuellement il existe probablement de jeunes magistrats, hommes et femmes, très remarquables, qui ne connaîtront jamais la carrière et les responsabilités qu'ils mériteraient d'avoir. Tout simplement parce qu'ils ne peuvent faire valoir, justement, que leur mérite. C'est beaucoup mais, dans notre système, c'est ignoré. Il me semble que l'opposition est un peu facile qui célèbre l'élitisme parisien et considère de haut la masse provinciale. Or, Paris ne prouve rien, ni pour ni contre. Tout dépend des comportements. Si l'expression n'était pas aujourd'hui galvaudée, je me ferais volontiers le défenseur de la France judiciaire d'en bas, avec ses tâches immenses, son efficacité et, en général, son heureuse discrétion. Sous les paillettes, la vraie vie.

La manière dont s'est discutée, en 2002, la nomination du nouveau procureur de la République de Paris est assez révélatrice du climat judiciaire. Yves Bot, qui était en poste à Nanterre, a finalement été désigné. Mais quelle foire d'empoigne avant d'en arriver là ! Quelle pénible et ridicule comédie politicienne avant que le CSM soit saisi d'un nom, au demeurant celui d'un magistrat remarquable – indépendant sans être caractériel. Avant, on parlait de Christian Raysseguier (nommé à un autre haut poste), de Jean-Claude Marin (noblement recasé, comme il se doit), de Christian Hassenfratz, procureur de Lyon, et tout de même d'Yves Bot, mais c'était le politique qui agitait ces noms comme autant d'hypothèses au regard d'éléments qui étaient à l'évidence très peu judiciaires. C'est ce combat et ces joutes, en amont, qui auraient pu risquer de porter atteinte à l'aval judiciaire (ou non) par l'entremise du

CSM. On a l'impression que, peu ou prou, nous sommes condamnés à regarder un spectacle dont les rôles les plus en vue sont réservés à quelques privilégiés (à partir de quand et pourquoi les a-t-on considérés comme tels ?) choisis sur des critères qui nous échappent.

Je ne mets nullement en cause le principe de la hiérarchie. Ce qui me choque, c'est le contraste entre une aristocratie judiciaire et un tiers état professionnel qui est loin d'incliner systématiquement en faveur de la première. Ce qui me scandalise, ce sont les mystères par lesquels se créent, sous l'égide politique alternative de la droite ou de la gauche, des réputations soi-disant incontestables et des compétences théoriquement indiscutables. Qui a décidé, par exemple, et sur quel fondement, sous la droite, depuis Pierre Méhaignerie, le retour cyclique – au moins dans les permanentes supputations – de Philippe Ingall-Montagnier et d'autres, en tant que conseillers ? Philippe Ingall-Montagnier, directeur ayant appartenu aux cabinets d'Albin Chalandon, de Jacques Toubon, directeur des services judiciaires, enfin directeur adjoint au cabinet du garde des Sceaux Dominique Perben, a été nommé procureur général à Rouen en janvier 2003. Même s'il n'est ni le premier ni le dernier à en bénéficier, ces promotions éclatantes au sortir de parenthèses politiques ressemblent plus à un service qu'on se rend qu'à une véritable attente du service public.

Qui fait resurgir, régulièrement, sans réelle justification, le nom de Marc Moinard, qui n'en finit pas de percevoir les dividendes du traitement en temps réel conçu alors qu'il était procureur à Bobigny ? Une anecdote dérisoire : lorsqu'il était en pleine réputation médiatico-judiciaire pour cette « invention » au demeurant de pure expérimentation, je lui ai écrit, étant chef de la 11e section au parquet de Paris, pour lui demander des informations sur sa technique. Pas de réponse. Trop occupé par l'essentiel qui le concernait, il faisait fi de l'élémentaire. J'avoue en avoir tiré une leçon sur ce magistrat. Il n'y a pas d'excellence professionnelle qui ne change ainsi l'adage latin : *de minimus curat praetor*.

Comment ne pas avoir l'impression que les jeux sont faits de manière politique et/ou clientéliste, et qu'on demande sèchement au judiciaire d'apposer rapidement son sceau là-dessus ? Il est évident qu'un véritable contrôle professionnel, à tous les niveaux, détruirait ce royaume des apparences. On aurait, enfin, les meilleurs, partout. Prenons un exemple prosaïque : dans l'affaire Chanal (les « disparus de Mourmelon »), il y a eu, notamment, un magistrat médiocre et un magistrat exceptionnel. Notre système n'est pas loin, construit et désiré comme il est, de bas en haut, de laisser, toujours, ses chances au premier pour n'avoir pas à consacrer le second. Il faut ne pas désespérer la place Vendôme et le CSM !

Je n'écris pas ces lignes sous l'empire d'une quelconque amertume, les idées pouvant être « les succédanés des chagrins », comme l'a noté Proust. Dans le passé, je nourrissais l'ambition d'obtenir tel ou tel grand poste, uniquement pour voir si on pouvait y garder sa liberté et son indépendance, y faire ce qu'on estimait nécessaire. Je crois que, dans notre système, la fonction « écrase » les résolutions d'origine. Mais que le lecteur se rassure : tout cela n'est plus d'actualité !

Ambitions légitimes ou non, copinages, corporatisme et, surtout, dédain des justiciables... Le problème, pour nous, sera toujours le citoyen, comme le peuple, disait le général de Gaulle, était celui de Valéry Giscard d'Estaing. De droite ou de gauche, à quelque syndicat qu'il appartienne, quelle que soit la volonté d'ouverture qu'il affiche, le magistrat est d'abord quelqu'un qui n'est jamais prêt à donner une traduction concrète, quotidienne et respectueuse de ce mandat qui lui est confié par le peuple français pour juger en son nom. Clairement, le citoyen n'est jamais placé au cœur et au centre du service public de la justice. Ce service public ne se vit pas, ne se veut pas au service du public. Que le commun des justiciables ait des attentes fortes sur le rôle de la justice, qu'il dénonce sa lenteur, sa complexité, son manque de communication, une sorte d'arrogance autarcique, n'est pas pour inquiéter le magistrat. Car celui-ci ne considère pas que la réponse au citoyen doit être le fondement quasi exclusif de son action. Combien de fois ai-je perçu que le peuple n'était qu'un gêneur qui venait perturber la perfection de nos débats internes. Lui, il ne cesse pas d'attendre à nos portes.

Sans aller jusqu'à l'insurrection – de qui ? –, l'instauration d'un véritable contrôle professionnel et la révolution faisant du citoyen et du justiciable la mesure de toutes choses judiciaires constitueraient des changements forts pour supprimer l'enfermement dans le corporatisme. Et pour imposer une politique judiciaire, notamment pénale, cessant enfin de se « regarder le nombril » pour devenir efficace et protectrice de ceux qu'elle est chargée de satisfaire. La justice est au service de la société, et non pas l'inverse. La justice n'est pas la propriété des magistrats ni celle, d'ailleurs, des avocats, en dépit de ce qu'ont pu faire croire certaines actions collectives du barreau, montrant l'importance politique que se prêtait celui-ci. Et que, de fait, il avait, en tout cas auprès du pouvoir de gauche, pour des raisons tenant à une conception similaire de la philosophie judiciaire.

Aujourd'hui, les avocats couvrent tout le champ du judiciaire, qu'ils suscitent l'indignation ou l'estime. Les déclarations scandaleuses de quelques-uns à la fin du procès de la « tournante » à la cour d'assises du Val-d'Oise [1] (samedi 28 septembre 2002 : mais que font donc les conseils de l'Ordre et à quoi servent-ils ?) donneraient une catastrophique image de la profession si, en même temps, sur des problèmes cruciaux, d'autres avocats ne venaient pas, avec une absolue liberté de pensée et de ton, donner l'exemple d'une réflexion qui précède et stimule celle de tous les autres. Je pense notamment aux

1. Une affaire de viol collectif sur une adolescente dans une cité d'Argenteuil.

articles de Thierry Lévy et de Daniel Soulez Larivière sur l'affaire Papon, le premier publié avant sa remise en liberté, le second, après. Quel contraste entre ces avocats sapant, après l'avoir invoqué au cours du procès, l'État de droit dans leurs déclarations médiatiques, et ces auxiliaires de justice affirmant, avec force et une indéniable forme de courage, l'exigence d'humanité et la nécessité de l'État de droit, quoi qu'il en coûte !

La magistrature ne parvient pas, en dépit de sa volonté, à expliquer son action aux citoyens, à créer la même intensité et à susciter la même adhésion. La plupart du temps, elle hurle avec les loups contre les décisions hautement contestables, et dans la forme et dans le fond, mais ne se mobilise pas, contre l'opinion dominante, pour défendre des collègues qui ont correctement accompli leur mission. Elle a vitupéré l'arrêt sur le sang contaminé – à juste titre – mais elle s'est tue sur l'arrêt de remise en liberté de Papon qui ne donnait pas, contrairement au premier, une image désastreuse d'elle-même sur le plan technique. Il existe tout de même une exception à cette approbation molle et tiède de tout ce qui semble être dans le vent, c'est l'attitude courageuse et sans complaisance du président du tribunal de grande instance de Paris, Jean-Claude Magendie, dont j'ai notamment apprécié l'intervention au sujet de l'organisation du « pot » discutable à l'occasion de l'arrestation, aux Philippines, d'Alfred Sirven, et qui n'hésite pas à protester et à défendre, quand il le faut. Aller ou être « dans le vent » ne lui tient pas lieu de politique.

Cette image dégradée vient aussi de l'attitude des syndicats, notamment le Syndicat de la magistrature auquel j'avais adhéré à mes débuts, brièvement, certes, mais avec enthousiasme. Le SM, relayé par tel ou tel de l'USM, a fait beaucoup de mal en mettant l'accent sur le rôle d'assistant social du magistrat : le magistrat au secours des faibles, le magistrat justicier genre Robin des Bois. Or, le métier de magistrat, c'est de juger, de trancher en faveur du faible ou du fort, peu importe, à partir du moment où l'un ou l'autre est dans son droit. C'est de la perversion que d'agir et de statuer comme si le faible avait nécessairement raison et le fort toujours tort. Qu'on intègre au sein de l'activité juridictionnelle – qui n'examine que du singulier – un pluriel de contexte socio-économique, psychologique, pourquoi pas ? Mais c'est le singulier qui doit absorber le pluriel, non l'inverse. Nombre de déconvenues, de retards et de défiances sont venus du fait que le magistrat a tout fait pour ne plus trancher : dans ce cas-là, il lui faut exercer un autre métier. Beaucoup de lenteurs s'expliquent comme cela. Et par une sorte de découragement devant la crise sans cesse affichée et proclamée.

On doit, aussi, s'interroger sur le rôle du garde des Sceaux. Quant à moi – on a le droit de rêver –, je ne serais pas hostile, d'une part, à la création de deux corps distincts (parquet et siège) et, d'autre part, à l'instauration d'une procédure accusatoire à la française qui en serait la conséquence quasi nécessaire. Peut-être y va-t-on, doucement. Dans le système actuel, s'il faut approuver le mouvement qui a pratiquement « désengagé » le ministre de la Justice de toute action partisane en vue de contrôler tel ou tel dossier sensible, il faut rappeler la nécessité d'un lien fort entre un responsable politique, avec sa légitimité démocratique, et le parquet dont il est le chef. Certes, le parquet est au service de la société, mais, dans un système républicain et démocratique, le gouvernement est l'incarnation de celle-ci au gré des élections.

Lorsqu'on évoque l'autorité politique, on a tendance immédiatement à soupçonner une gestion tatillonne et idéologique du corps et de la fonction judiciaires. Mais que proposer à la place du garde des Sceaux, dont on pourrait cependant aménager le statut au sein du gouvernement ? Un super-chancelier qui dirigerait le parquet ? Qui le désignerait ? Quelle serait sa légitimité ? Dans une magistrature éclatée en mille tendances, groupes, réseaux, solidarités ou hostilités, comment imaginer qu'une personnalité, si reconnue fût-elle pour sa compétence et son caractère, susciterait l'adhésion générale ? Je ne suis pas loin de penser – sans ironie – que la justice est une passion trop belle et trop sérieuse pour être abandonnée aux seuls magistrats. La justice est condamnée à s'étioler si elle ne devient pas la chose de tous.

L'ennui, avec les ministres de la Justice, c'est qu'ils veulent exister. Le désengagement partisan a commencé avec Pierre Méhaignerie qui a inventé une politique d'abstention conforme, et à son tempérament et à son ignorance de la réalité judiciaire. Il a eu la sagesse de se retirer politiquement d'un monde qui lui était étranger : mais, dépassé par les événements, lui aussi a voulu donner l'impression de les organiser. Cette posture, par la suite, a été confirmée avec constance et plus conceptuellement par Élisabeth Guigou et, à un degré moindre, par Jacques Toubon – on voit à l'usage ce que fait Dominique Perben. Dans le parcours de M. Toubon, il était intéressant de voir se combattre dans cette personnalité politique le garde des Sceaux nouveau, qui prétend ne pas se mêler des dossiers sensibles, et le garde des Sceaux ancien, qui fait affréter un hélicoptère pour aller récupérer, au fin fond de l'Himalaya, Laurent Davenas, le procureur du dossier Xavière Tiberi, M. Moinard étant directeur des Affaires criminelles et des Grâces. On aurait pu souhaiter, pour la nouvelle politique judiciaire, l'émergence auprès du garde des Sceaux et dans l'administration de la justice, d'une génération porteuse d'avenir, et non de revenants accablés par leur bilan.

L'actuel garde des Sceaux, Dominique Perben, donne, d'abord, par son allure et sa maîtrise de soi, une image personnelle et politique de la justice qui ne porte pas atteinte à la dignité de la magistrature. Il me plaît de noter, d'une part, sa volonté d'opérer une avancée dans le domaine préoccupant des détenus très âgés et, d'autre part, surtout, son désir de mettre en place avec la hiérarchie judiciaire des « contrats d'objectifs ». N'a-t-il pas déclaré : « Je répartirai les moyens matériels et humains consentis par le Parlement en fonction de ces objectifs, et évaluerai les résultats pour que l'argent public soit utilisé de manière efficace » ? Cette politique, qu'il souhaite et qui nous ferait enfin entrer dans la culture du résultat, rappelle celle qu'avait voulu mettre en œuvre Henri Nallet, qui aurait pu être un grand garde des Sceaux s'il n'avait pas été « plombé » par les aléas de la gestion financière du parti socialiste. Enfin, Dominique Perben, s'il affiche clairement sa volonté d'« assumer cette fonction régalienne de l'État », s'est bien gardé de toute intervention dans le cours de la justice et ne peut que plaire à la frange « progressiste » de la magistrature si, comme le dit Jacques Barrot, « étant humaniste (...) il ne veut pas passer pour un sécuritaire [1] ». Humblement, j'ose soutenir que ces notions ne sont pas inconciliables.

Parce que beaucoup souhaitent le maintien d'un lien politique avec le garde des Sceaux, celui-ci pourrait avoir la tentation de ne pas se contenter d'une politique de moyens et d'édicter ou de confirmer des orientations générales qui vont de soi pour tous les ministres de la Justice, si tel ou tel voulait bien cesser de croire qu'il ne se pose qu'en s'opposant absolument. Le ministre pourrait, pourra être tenté d'attacher son nom à une politique qui viendrait, une nouvelle fois, bouleverser le paysage judiciaire. Le grand garde des Sceaux sera celui de l'abstention véritable. Pas au sens de l'abandon de son autorité politique sur le parquet, mais au sens de la stabilisation législative. Si discutables que soient, sur tel ou tel plan, les lois laissées en héritage, mieux vaut tout de même ménager une longue respiration, favoriser une rémission, créer une sorte d'immobilité qui permettra de mieux considérer le paysage judiciaire. Il est fondamental d'opérer un constat, un inventaire de la France judiciaire, cour d'appel par cour d'appel, pour que soient évalués objectivement le passif, l'actif, les délais, l'état de sinistrose ou de relative réussite et, par conséquent, l'incidence et l'impact des textes.

Au regard de cet inventaire fondé sur les réalités de terrain – et non pas sur des statistiques manipulées ou artificiellement

1. *Le Figaro*, 22 novembre 2002.

gonflées –, on pourra enfin « mettre le paquet » au bénéfice de telle ou telle cour d'appel afin de réduire, en priorité, les scandales les plus criants, avant de favoriser une amélioration progressive et collective de la qualité et de l'efficacité de la justice. Le grand garde des Sceaux sera celui qui laissera « souffler » l'institution judiciaire, en lui donnant des moyens, en l'évaluant et en favorisant l'amélioration du service qu'elle doit rendre aux citoyens. En ce sens, ce ministre devra se garder de la vanité de l'action à tout prix et refuser les sollicitations de ceux qui veulent tout changer, toujours. Parce que les magistrats n'ont pas cessé, et leur monde avec eux, d'être bousculés sur le plan de la frénésie législative – avec beaucoup d'approximations –, on leur a donné le droit de se plaindre de cette agitation dévastatrice et d'invoquer l'existence de conditions de travail épouvantables. Que l'univers judiciaire retrouve cohérence, stabilité et unité, et on verra alors ce que vaut l'ensemble de ces protestations. Il faut mettre les magistrats dans une situation où l'on sera en droit d'exiger d'eux une efficacité et des résultats sans commune mesure avec ceux d'aujourd'hui, car ils ont mille excuses à faire valoir et qui tiennent en particulier à la manière dont les politiques organisent et administrent la justice, en la condamnant à un tourbillon dommageable à ses activités de fond.

La politique législative ne doit pas, elle, retomber dans les errements du passé avec ce mélange de théorisation, d'abstraction et d'idéologie qui a entraîné des effets pervers et des contestations à n'en plus finir. La « loi Guigou » sur la présomption d'innocence est assez exemplaire sur ce point. Elle a été le fruit d'un travail législatif où la vision partisane se conjuguait avec l'influence des groupes de pression professionnels. Or, un tel travers n'est pas inévitable. On pourrait concevoir un Parlement qui, dans les matières les moins politiciennes – justice, sécurité publique, procédure pénale –, s'attacherait à réfléchir, de manière objective, à la meilleure manière de satisfaire un dessein qu'il faut espérer commun : la tranquillité publique, l'autorité de l'État, la défense des biens et des personnes. Loin de cette méthode, on constate au contraire que la volonté du législateur est, le plus souvent, inspirée non pas par le souci de satisfaire le mieux possible l'intérêt social et la protection des citoyens – finalité indiscutable et forcément consensuelle – mais par le désir de donner raison à ce qui relève des moyens, de la méthode. Ainsi, pour la loi sur la présomption d'innocence, a-t-on considéré comme des objectifs les droits de la défense, les garanties des suspects et le contrôle de l'action policière. Cela, sans percevoir que, confondant les fins et les moyens, on allait rendre sinon impossible, du moins difficile, la conciliation du respect de la présomption d'innocence avec une procédure qui serait efficace sur le plan pénal.

La discussion sur les juges de proximité est, également, exemplaire de l'ambiguïté qui règne dans la magistrature au sujet du problème des moyens. Les syndicats, unanimes, ne cessent de réclamer des renforts, davantage de juges, de fonctionnaires et de greffiers. Le gouvernement prévoit l'installation de juges de proximité dont le statut et l'activité pourraient certes être discutés, mais qui, dans tous les cas, constitueront un apport positif pour remédier à une crise dont on déplore l'ampleur. Il est étonnant de constater qu'avant même de se féliciter de cette chance qui, par ailleurs, représentera une justice au quotidien plus immédiate, plus simple, plus disponible, moins formelle, que la justice d'instance, est mis en évidence, au contraire, le réflexe corporatiste qu'on pourrait résumer ainsi : ne vont-ils pas nous faire de l'ombre avec leur présence et leur statut ? Je ne suis pas loin de penser que la magistrature ne souhaite pas être aidée et renforcée. Elle souhaite simplement pouvoir dire sans cesse qu'elle le veut. De la même manière que le lecteur, selon Raymond Aron, était le plus grand obstacle au pluralisme de la presse, je suis enclin à croire que la magistrature et son corporatisme constituent la principale entrave au développement de la justice. Tout ce qui passera par eux sera refusé pour des motifs apparemment nobles. Tout ce qui s'accomplira devra accepter de l'être au nom de l'intérêt social et de l'exigence populaire – contre, souvent, les professionnels du droit qui se croient propriétaires de la justice.

Faudrait-il, justement, associer les professionnels à l'élaboration des lois, à supposer qu'une représentation équilibrée de leur corporation puisse être mise sur pied ? Je m'étais indigné qu'ils ne l'aient pas été quand, à la fin des années 70, Alain Peyrefitte concoctait son texte « Sécurité et liberté [1] ». Mais ma position a quelque peu évolué. Les magistrats pas plus que les avocats ne sont les mieux placés pour influencer le législateur qui ne devrait avoir pour guide que la légitime volonté populaire. La loi n'est pas plus faite pour les avocats que pour les magistrats. À force d'être élaborée pour servir les intérêts particuliers plus que l'intérêt général, la loi est condamnée à vite disparaître, dans une incessante remise en cause partisane.

Faut-il, comme tant d'autres, réclamer un bouleversement global de la justice, une révolution ? Je n'en suis pas sûr. Réclamer le changement de tout vous donne l'illusion d'avoir une pensée totale. Mais c'est également une manière subtile de reporter *sine die* les changements véritablement nécessaires. Ceux-ci ont pour caractéristique commune, le plus souvent, de pouvoir être opérés immédiatement, moins par la modification des structures que par une volonté politique, une évolution des comportements professionnels et une stratégie des « petits pas ». À la réflexion, le « grand soir » pour la justice est une échéance absurde parce qu'il n'y a jamais de « grand soir », et que c'est, ici et maintenant, à chaque seconde, que le visage de la justice doit changer. A-t-on besoin d'une loi pour persuader le magistrat que l'avocat n'est pas un intrus, mais un partenaire capital ? A-t-on besoin d'une loi – ou alors, d'une loi de simplification, d'allègement – pour rendre l'univers et les textes pénaux moins bureaucratiques ? Le formalisme est devenu tel qu'il étouffe l'esprit de justice et qu'on n'a plus, en réalité,

1. Voir chapitre 2.

affaire à une justice de visages et de parole, mais à une justice où le papier surabondant impose sa loi. Il faut délester, réduire, simplifier, cesser de considérer que la garantie est nécessairement dans le complexe. La simplicité de la loi alliée à une impeccable déontologie, il n'y a rien de mieux. Faut-il une loi pour mieux choisir les magistrats qui présideront les juridictions et dirigeront les parquets ? Faut-il une loi pour que les magistrats comprennent qu'ils ne seront respectés que s'ils demeurent respectables par leur qualité, leur comportement et leurs résultats ? Faut-il une loi pour que les magistrats ne se vautrent plus dans la démission généralisée qui les rend inaptes à exercer la moindre autorité dans la gestion des palais de justice et sur les fonctionnaires qui travaillent avec eux ?

Certes, il faut davantage de concours humains et de moyens matériels mais il faut, d'abord, un volontarisme, une fierté, une compétence, un humanisme vigoureux. Ayons la modestie de ne vouloir que les changements qui dépendent de nous-mêmes. Tout est possible, tout de suite. Cessons de nous comporter à la fois en « intouchables » et en victimes. Les médias ne nous comprennent pas ? Expliquons-nous avec eux. Posons-nous clairement, avec notre belle identité, dans la société, et portons, d'abord, sur nous un regard à la fois déterminé et enthousiaste, pour que le citoyen finisse par ne plus voir la justice en sombre. Écoutons le citoyen, mais que celui-ci nous regardant vivre et agir puisse penser qu'être magistrat est un grand métier. À force de pleurer sur nous, la société pleure sur nous en nous imitant. C'est une contagion de la déprime stérile.

S'il faut à toute force bouger, qu'on s'attache enfin à la simplicité, aux « fondamentaux » de la justice pénale (pour ne pas parler des autres infiniment préoccupants), comme on le dit au rugby : efficacité de la procédure, rapidité de la décision, exécution de la peine, décence et dignité des prisons, contrôle professionnel effectif et nomination des meilleurs (sur de vrais critères) aux postes stratégiques et importants. C'est peu, mais cela suffirait à l'action d'un grand garde des Sceaux.

Un mot sur la « judiciarisation » de la vie sociale. Celle-ci peut aussi être considérée comme un hommage rendu à l'exigence de justice et au désir qu'a le citoyen de voir trancher certains conflits par une instance qui lui est supérieure et serait objective. Dans le même temps, cette judiciarisation, quantitativement insupportable pour un corps qui n'est pas armé pour elle, pose des problèmes intellectuels et moraux. On peut se demander si, comme on l'a entendu dire à la suite de telle ou telle décision de la Cour de cassation, par exemple – je pense à la question du statut de l'enfant à naître –, il existe bel et bien un vide juridique. À supposer que ce soit le cas, plutôt que de le déplorer, on pourrait se féliciter qu'un écart subsiste entre la pratique sociale et le pénal, entre la morale et le pénal, puisque cet écart est précisément le signe de la liberté humaine et la preuve que tout n'est pas encore caporalisé. Si la grille pénale et judiciaire venait absolument se superposer à toute l'étendue de l'invention sociale et des comportements humains, on se trouverait confronté à un totalitarisme du Bien, après avoir connu celui du Mal. Le tout-répressif est impossible à mettre en œuvre, et je ne suis pas persuadé qu'il constituerait un progrès décisif pour l'évolution humaine. Heureusement, toute transgression sociale, toute immoralité, toute erreur humaine ne correspondent pas à une qualification pénale. Je préfère cette liberté, au risque de voir des comportements impunis, à un ordre judiciaire qui favoriserait l'avènement d'une société robotisée.

Pour terminer ce chapitre, par un rapprochement dont je ne me dissimule pas le caractère artificiel mais qui me fait plaisir, je souhaiterais, après avoir critiqué la frilosité trop répandue de la hiérarchie judiciaire, célébrer l'un de ses représentants. Celui-ci, en novembre 2002, présidant la cour d'appel de Bastia pour le second procès de l'affaire des paillotes (huit prévenus dont le préfet Bernard Bonnet), a donné, de l'avis de tous les observateurs, une formidable image de la magistrature. Dominique Charvet, puisqu'il s'agit de lui, l'un des fondateurs du Syndicat de la magistrature, combat heureusement, dans mon esprit, les prestations lamentables et jumelles de Jacques Toubon, ancien garde des Sceaux RPR, et de Julien Dray, député socialiste, qui, le 13 novembre 2002, ont vivement interpellé des fonctionnaires de police n'accomplissant que leur travail – aux dépens, certes, de ces deux personnalités surprises en contravention d'avec le Code de la route. Pis, Jacques Toubon a récidivé sur le même registre, le 23 janvier 2003. L'État de droit magnifié ici, dégradé là. Comment mieux montrer qu'il ne sera jamais une évidence, toujours une conquête et sans doute, en dépit des affichages, parfois un scandale par l'égalité qu'il implique et l'universalité qu'il impose ?

13

Le procès de François Besse
ou les leçons d'une vie
(4-12 juin 2002)

Le procès de tous les contrastes : les faits étaient hors d'âge, et l'accusé n'avait plus rien à voir avec le truand des années 70 qui devait répondre de ses actes.

François Besse, cinquante-huit ans, fut le complice de Jacques Mesrine. En mai 1978, les deux hommes avaient réalisé – grâce à un réseau de complicités jamais identifié – un coup d'une audace extraordinaire : leur évasion du quartier de haute sécurité (QHS) de la prison de la Santé. Un troisième détenu, qui s'était inopinément joint à eux, trouva la mort dans l'aventure. Mais ce jour-là, ainsi que semblerait le démontrer tardivement le procès de 2002, et ce que je n'ai pas craint de souligner quitte à frapper d'incertitude la « version officielle » de la préfecture de police, Besse et Mesrine n'ont sans doute pas tiré un coup de feu.

La suite sera moins reluisante : attaque d'une armurerie parisienne, hold-up au casino de Deauville, cavale éperdue avec prise en otages d'une famille, enfants compris – ce sont, à mes yeux, les faits les plus laids –, attaque d'une banque au Raincy accompagnée, à nouveau, d'une prise d'otages... La route des deux truands se sépare là, un mois et demi seulement après l'évasion de la Santé. Mais les noms de Besse et Mesrine resteront liés dans la mythologie douteuse du grand banditisme. Le

« petit François » fera de nouveau parler de lui en 1986, organisant à Rome l'évasion en hélicoptère d'un truand du fameux « gang des postiches ». Puis, plus rien. Tout le monde, jusqu'à la police, croit que Besse est mort, victime d'un règlement de comptes. Faux : Besse parcourt l'Europe, sous diverses identités, et se fait arrêter au Maroc en 1994. Devenu père d'une petite fille, il avait commis l'erreur de « remonter au braquage » en France : ses empreintes digitales l'ont trahi.

Dès son entrée dans le box, le 4 juin 2002, chacun s'aperçoit que cet accusé ne se comportera pas comme les autres. Son costume noir, sa chemise blanche, les lunettes qu'il porte en sautoir, son bouc poivre et sel soigneusement taillé et ses pieds nus dans ses sandales, lui donnent une allure de capucin lettré. Et puis il y a son sourire, lumineux, ses larmes difficilement contenues, notamment lorsque j'évoque le souvenir de sa mère, qu'il adorait, morte peu avant son interpellation – je demeure d'ailleurs persuadé que le second événement n'est pas étranger au premier –, cette manière de hocher la tête lorsque le président Dominique Coujard ou moi-même l'interrogeons, car il comprend le sens de la question avant qu'elle ait été complètement formulée...

Ce procès sera le théâtre d'échanges de très haute tenue. Car, en prison, Besse s'est mis à la philosophie, et il a acquis une maîtrise de soi, physique et mentale, exceptionnelle. Alors que le box des assises propose, le plus souvent, la face la plus sombre de l'humanité, il fut, pendant une semaine, un lieu de lumière étonnamment captivant. La difficulté était grande pour l'avocat général : il me fallait demander, au nom de la société, une peine à l'encontre d'un homme dont la sagesse éclose en prison avait, depuis une semaine, édifié la cour d'assises. J'étais en quelque sorte mis au défi d'inventer l'expression d'une justice moderne pour un accusé qui incarnait une fracture humaine et temporelle inouïe – il ne faut pas oublier que les faits étaient vieux d'un quart de siècle et que celui qui en répondait n'avait apparemment rien à voir avec cet autre lui-même qui les avait commis – et venait par surcroît de promettre qu'il ne ferait pas appel de sa condamnation.

Il y avait, dans ces données, un aspect romanesque indéniable. J'ai donc présenté mon réquisitoire comme le livre de la vie de François Besse. Il s'est terminé de manière surprenante : j'ai remercié l'ancien truand d'avoir montré que le crime, toujours, est laid, et que les criminels, jamais, ne peuvent être admirés. J'ai proposé une peine de treize années de réclusion qui, si elle était confondue avec d'autres, n'allongerait pas la durée de détention de Besse. Après moi, maître Henri Leclerc, très grand avocat d'assises, sut persuader les jurés d'être encore plus cléments. Verdict : huit années de prison, en partie – mais pas totalement, contrairement à ce qu'avait sollicité la défense – confondues avec d'autres peines précédemment prononcées à Angoulême. François Besse, celui des années 70, encourait la perpétuité. Chacun rêvait secrètement, sachant que c'était impossible et que lui-même ne le réclamait pas, que cet accusé si peu ordinaire fût acquitté. Or, François Besse, qui avait tout avoué, était très clairement demandeur d'une sanction qui couronnât la reconstitution de soi.

Avec le recul, je dois admettre que je n'avais jamais rencontré dans le box d'individus de la trempe de François Besse. Je n'avais pas, auparavant, remarqué une telle attitude de la part d'un accusé : non seulement il a formulé des regrets immédiats, mais il a proposé une réflexion profonde sur l'époque, le climat qui avaient, d'une certaine façon, suscité et « légitimé » ses crimes. Ce faisant, François Besse venait au secours de la société au lieu de l'offenser. C'est pour cela que je l'ai remercié. Entendre répudier le mythe du crime libérateur, l'absurdité de la délinquance comme force de subversion, le poncif de la société coupable, toutes les justifications de toutes les transgressions, entendre rappeler que même la distinction entre les agressions contre les personnes et les atteintes aux biens, si chère au Syndicat de la magistrature, n'était pas loin de relever du sophisme, ne pouvait que satisfaire un avocat général qui voyait ainsi le socle intellectuel et politique de son discours magnifiquement confirmé. Tout cela étant dit devant une assemblée et des médias qui, pour partie au moins, prendraient de plein fouet la destruction de ce que à quoi, confusément, ils croyaient encore !

Mais je ne pouvais pas, pour autant, demander moins que les treize années de prison que j'ai requises, ce nombre ne rajoutant aucune peine supplémentaire. Pour la première fois, j'arrivais au terme d'un procès avec le souci de ne pas demander une peine qui alourdisse le sort pénitentiaire de l'accusé. J'ai pu respecter ce souci uniquement parce que le jeu de la confusion des peines antérieures me permettait d'aboutir au résultat escompté. Mais, au regard de la gravité des faits poursuivis, il aurait été indécent d'aller en deçà de cette proposition de sanction en quelque sorte « à somme nulle ».

J'ai cependant éprouvé une sensation étrange, inédite chez moi : celle que le réquisitoire comme les plaidoiries étaient quasi inutiles, tant les débats avaient permis l'émergence d'un consensus fort sur la personnalité exceptionnelle de l'accusé et sur l'immensité de sa contrition ainsi que sur la matérialité grave des faits presque devenus, dans le brouillard du temps, de l'Histoire.

Les leçons de l'audience, par surcroît, ne pouvaient être ignorées. J'ai été sensible, comme chacun, à la rédemption de l'accusé, et j'ai apprécié la lucide franchise de ses propos. Mais l'avocat général que je suis ne peut balayer du revers de la main l'impression que lui ont laissée plusieurs témoins : les anciens otages de Besse et Mesrine. Il y avait un banquier, un jockey, un couple d'éleveurs de chevaux, une jeune femme blessée par une balle perdue lors de la fusillade du casino de Deauville... Pour eux, François Besse était toujours le gangster de 1978 qui les avait terrorisés. Ils redoutaient même de croiser son regard quand, sincèrement, avec beaucoup d'émotion, il leur a demandé pardon.

Un autre témoin a fait resurgir le passé devant la cour d'assises : un ancien membre du « gang des postiches », que Besse avait fait évader par hélicoptère d'une prison italienne, en 1986. Cet homme qui, sorti de prison, s'est refait une vie honnête, était effrayé par la perspective d'évoquer ce que fut sa vie, et le bref moment partagé avec Besse. Cette crainte avait quelque chose de satisfaisant pour le ministère public, semblant attester de ce que le témoin avait, lui aussi, tourné la page du banditisme. Mais elle ne pouvait que convaincre les jurés que François Besse avait été un individu dangereux et que, devant lui, toute déclaration devait être pesée.

Après le procès, j'ai été sollicité par plusieurs médias qui s'étonnaient de mon comportement. J'ai pu, à ces occasions, rappeler ma philosophie de l'accusation qui visait à appréhender la globalité d'une situation, la totalité d'une réalité. Grâce à cet accusé, j'ai poussé jusqu'à son paroxysme cette pratique que le débat a nourrie avec une intensité inouïe. Il y a une certaine qualité de justice dont chacun est comptable, mais pour que celle-ci demeure exceptionnelle, il faut un concert absolu entre un grand président, une défense à la fois remarquable, désireuse d'apprendre et de communiquer et une accusation consciente de l'enjeu. Les questions des médias revenaient avec insistance sur le fait que j'aurais abandonné la fonction d'avocat général. J'ai tenté d'expliquer que l'avocat général a une mission qu'il peut adapter, ajuster à l'infini. Il exerce tout autant sa fonction lorsque, tirant la leçon des débats et de l'être qu'il a en face de lui, il fait le pari (en l'occurrence avec une quasi-certitude) lucide de l'indulgence que quand il requiert la perpétuité parce que le passé est atroce, le présent inquiétant et l'avenir bouché.

François Besse lui-même m'y a encouragé, parce qu'il y avait cette fois une donnée absente de la plupart des procès : la présence d'un accusé hors du commun de par la conscience qu'il avait de lui-même et de ses actes. S'ajoutaient à cela une maîtrise parfaite du langage et la volonté de répondre à tous les questionnements. C'est ce que j'ai voulu expliquer en disant que François Besse s'offrait à la justice, alors qu'en général celle-ci est condamnée à aller vers l'accusé qui, soit par stress soit sous l'effet d'une intelligence relative, demeure cloîtré dans un champ d'intervention très limité.

Il fut par ailleurs beaucoup question de celui dont il fut le complice pendant quelques semaines : Jacques Mesrine. J'avais tout de suite perçu qu'au sein de ce couple, Besse manifestait un apparent effacement résultant de son intelligence plus vive. Pour moi, Mesrine représentait le comble du tueur entreprenant qui avait réussi à se forger une image flatteuse dans une certaine classe de la société, attirée par l'alliance de la violence, de l'audace et du « médiatique ». Je n'éprouve évidemment aucune sympathie pour ce type de personnalité. Mais je peux comprendre l'emprise qu'a exercée un tel matamore sur le tempérament plus fin et plus introverti de François Besse. La cour d'assises n'a sans doute pas consacré assez de temps à la singularité de leurs rapports et au poids décisif de la personnalité de Mesrine dans l'accomplissement des crimes perpétrés avec Besse.

Je le regrette et, ce faisant, je me remémore la déposition très personnelle d'un expert psychiatre : le docteur Christian Gay n'a pas tari d'éloges sur l'accusé, allant même jusqu'à avouer qu'il le trouvait *« sympathique »*. Puis, interrogé par le président et par moi-même, il a clairement laissé entendre qu'une peine de prison ne lui semblait pas opportune. L'impression très favorable qu'avait eue la cour de la personnalité de François Besse – nettement distinguée de ce qu'on subodorait quant à celle de Mesrine – et de la sincérité de son repentir a été confirmée par le psychiatre. Il est très important, à mes yeux, d'obtenir de telles garanties extérieures – je pense également à la déposition positive d'un directeur de prison, venu déclarer à la barre qu'il croyait pleinement à la sincérité du « nouveau Besse ».

Pour autant, je n'ai pas trouvé que l'expertise du docteur Gay était totalement pertinente. Il aurait pu aller plus loin dans l'élucidation psychiatrique et psychologique. Le médecin s'est vraisemblablement trouvé inscrit dans une trop évidente empathie, qui n'a peut-être pas permis à leur dialogue de devenir aussi profond qu'on aurait pu le souhaiter. Besse se trouvait avec un regard trop systématiquement magnanime posé sur lui. Sans doute aurait-il fallu chercher à le débusquer avec plus de vigueur pour tirer de lui davantage. Je regrette, par exemple, que le psychiatre ne se soit pas attardé sur un élément qui me paraît essentiel et que j'ai abordé plus haut : la mort de la mère de François Besse, quelques mois avant son interpellation à Tanger, qui révélait, compte tenu de son contexte, comme une obscure volonté d'être arrêté. Reste que l'essentiel, pour moi, était que le docteur Gay confirmât, dans une vision à la fois banale et intelligente, ce que les débats nous avaient enseigné sur François Besse. Le président Coujard a lu, en complément, les résultats d'une précédente expertise, réalisée à Angoulême, qui me semblait tout à la fois profonde, pertinente et sans complaisance. Besse n'en sortait pas diminué, mais grandi.

Mais, quoi qu'il en soit, les expertises très favorables ne gênent pas du tout l'accusation. Le fait que des experts viennent dire que l'évolution d'un accusé est très favorable et qu'une nouvelle peine d'emprisonnement serait inutile ne me contrarie en rien. Pour élaborer ma demande de peine, je dois rassembler tout ce qui se dégage des débats : le blanc, le noir, le gris. Par conséquent, il serait malhonnête d'occulter les propos favorables, optimistes, d'un expert.

Maintenant que tout est terminé sur le plan judiciaire, je peux dire ce que j'ai réellement pensé de François Besse. Contrairement à beaucoup de commentaires, qui ont tendance à hypertrophier le bien après avoir amplifié le mal, François Besse n'est pas un saint laïc. L'accusé n'est pas apparu, à mes yeux, en saint François des assises ! Il est tout simplement un homme, avec ses forces et ses faiblesses, qui a mis particulièrement en exergue cette sagesse qui veut que l'important n'est pas de savoir d'où l'on vient, mais où l'on va. Son existence, en définitive, est exemplaire. Pour citer à nouveau Gide, puisque je l'ai déjà fait dans le réquisitoire, Besse « a suivi sa pente, mais en montant ».

Si j'étais totalement libre sur ce plan, il y a certains accusés qu'il ne me déplairait pas de revoir. Parmi eux, il y a évidemment François Besse – je pense également à Bob Denard, dont j'ai déjà parlé. Il n'est pas impossible que, dans une autre vie, lorsque je ne serai plus soumis à l'obligation de réserve de l'avocat général, je me renseigne sur la situation de Besse. Il n'est pas même inconcevable que je décide d'aller le voir, s'il souhaitait ma visite. En tout cas – et je ne l'ai jamais fait jusqu'à présent –, je serais prêt à intervenir devant une juridiction d'application des peines pour évoquer l'impression que François Besse m'a faite à l'audience, et les conclusions que j'en ai tirées. J'espère que son avenir ne me démentira pas.

14

Réplique aux faux amis et aux vrais adversaires

J'ai tellement prétendu cultiver l'art de déplaire que j'ai scrupule, aujourd'hui, à tenter d'amender le portrait que rumeurs, ragots, jalousies, petitesses et antipathies se plaisent à dessiner de moi. En réalité, je déteste plus la volonté de plaire à tout prix que je n'aime les attitudes solitaires et sans complaisance qui sont à la source de l'art de déplaire. Il n'en demeure pas moins que, à force de voir revenir à mes oreilles une série de « bruits » personnels et professionnels, j'ai envie d'élucider ce phénomène qui n'est pas propre au monde judiciaire mais qui me touche, car il montre les limites inévitables d'un comportement de liberté, sur le plan tant personnel que professionnel, auprès des magistrats, des avocats comme des journalistes.

Il y a une part de ma nature qui est sans doute responsable de cette image tronquée. En effet, haïr le grégarisme, les pensées imposées, l'immense hypocrisie de la famille judiciaire, répugner au mensonge, aimer la vérité et la brutalité qu'elle implique, préférer mille fois la solitude à un mauvais accompagnement, n'estimer que la hiérarchie estimable, considérer que c'est à nous d'imposer notre loi à l'institution et non l'inverse, ne pas supporter l'impolitesse ni la grossièreté d'où qu'elles émanent... tout cela n'aurait, de toute manière, pas facilité mon intégration, si je l'avais souhaitée, dans un monde qui n'aime rien tant que se donner l'illusion d'une fraternité superficielle quand tout, au contraire, oppose ses membres les uns aux autres pour mille motifs futiles ou importants. Cette notion de « famille judiciaire » m'a, d'ailleurs, toujours exaspéré. Formulé avec une fausse fraternité, ce propos ne correspond en rien à la réalité. Nous ne constituons pas une famille ou, alors, à la Mauriac. Je dirai même que ce qui était perceptible déjà il y a vingt ou trente ans est devenu éclatant et dévastateur avec la politisation de la vie judiciaire, l'existence des clans et des factions, des coteries et des réseaux, des magistrats s'arc-boutant sur leur fonction (je pense aux juges d'instruction) et détestant ceux qui auraient voulu y toucher pour le bien de la justice, avec les syndicats dont l'un domine tellement les autres que ne pas en être relève d'une carrière qui se voudrait suicidaire.

Il n'y a pas de famille judiciaire. Il y a une justice éclatée en mille chapelles dont certaines ont aujourd'hui le pouvoir. Ce constat, toutefois, s'il m'autorise à dire tout le mal que je pense de certains comportements et de tel ou tel magistrat, ne me rend pas indifférent à une sorte de fidélité élémentaire qui me fait détester les critiques émanant d'ailleurs. J'ai un certain nombre d'amis avocats, mais rien ne m'est plus désagréable que de les voir s'illusionner sur la connivence qui nous lierait pour accabler la magistrature. C'est exactement l'inverse qui se produit. Non seulement, par un sentiment évident d'allure, quoi que j'en pense, je la défends, mais je me sens pugnace pour, en retour, renvoyer le barreau à ses énormes insuffisances. Je n'aime pas accabler quand c'est mécanique ou facile.

Mon goût de la solitude est apparu pour du mépris, l'orgueil pour de la vanité, l'obsession de la tenue et de l'allure pour une narcissique représentation de soi-même, le courage de l'autorité pour de l'autoritarisme. On ne peut rien contre ce type de procès qui vient de votre nature et de votre conception de la vie qui se heurtent à celles des autres. Je tiens pour rien, de la part de magistrats, une hostilité diffuse à l'égard du singulier qui inquiète, alors que le pluriel rassure. Il faut, surtout, toujours donner l'impression qu'on est par la tête, le cœur et la personne, viscéralement lié à un univers dans lequel il est interdit de ne pas se sentir comme un poisson dans l'eau. L'étrangeté qu'on éprouve vous fait devenir étranger. Le sentiment d'exil et de différence vous fait exiler. Votre profonde amitié et complicité avec quelques-uns vous rend suspect à la majorité, qui vous accuse de vous croire supérieur quand vous n'êtes qu'indifférent. Il faut se prosterner en gros alors que je cultive, au contraire, les affections au détail. Que peut-on rétorquer lorsqu'on apprend, à la suite de ma nomination à la tête de la section du droit bancaire[1], qu'un magistrat d'expérience s'est répandu en clamant que j'étais juif et franc-maçon ? Propos et personnage tellement stupides qu'on a envie, pour leur faire pièce, de revendiquer ce que, faussement, on vous prête. Que répliquer lorsque, ayant écrit un article pour approuver le projet de loi de Nicolas Sarkozy (*Le Monde* du 19 octobre 2002, « Sécurité, répudier l'angélisme »), il revient à mes oreilles qu'on me soupçonnait, par ce texte, de vouloir me « placer » pour le poste de procureur à Nanterre, comme si les candidats manquaient et que j'en avais envie ? L'explication la plus simple, qui aurait été la bonne – celle de ma sincérité –, avait été sans doute écartée d'emblée. Pourtant, toujours, comme je le pouvais, j'ai tenté de plaider en faveur d'un humanisme vigoureux, persuadé qu'une démocratie peut se défendre sans se renier. Comment concevoir non seulement la sincérité, mais ce phénomène inouï d'une sincérité qui serait, au surplus, désintéressée ? Dans notre monde, une telle attitude, à la fois gratuite et inspirée par le seul souci de l'expression de soi, n'est pas croyable. Les supputations autour de cet article m'ont amusé. Jeune, elles m'auraient révolté. Il y a la tragédie puis la farce.

1. Voir chapitre 2.

Il est des attaques devant lesquelles il est indigne de se défendre. Les journalistes, c'est autre chose. Il faudrait sans cesse, sous prétexte que la démocratie les a nommés quatrième pouvoir, contre-pouvoir, s'attacher à les féliciter globalement, par principe, au lieu d'examiner leurs compétences en particulier. Dissimulant, souvent, leur insuffisance derrière le beau principe inattaquable de la liberté d'expression, ils se complaisent dans la critique systématique mais se veulent à l'abri de toute critique. Passionné longtemps par le droit de la presse et la loi de 1881, j'ai, judiciairement ou non, tenté de favoriser modestement, partout où je me trouvais, la liberté d'expression en définissant strictement ses inévitables limites.

Par la suite, confronté à la chronique judiciaire, j'ai été rarement enthousiasmé, souvent déçu. Aujourd'hui, je défie un lecteur qui n'a pas assisté aux débats d'un grand procès d'en connaître la chronologie, la teneur et l'essentiel par la simple lecture de la plupart des chroniques judiciaires. Je n'ai jamais fait preuve de démagogie à l'égard de ces journalistes spécialisés, et à l'évidence je ne me suis pas fait que des amis au sein de leur corporation en dénonçant l'impolitesse de telle ou tel, la grossièreté de tel autre et la compétence relative de certains. Je ne doute pas que cette sincérité, sans doute mal acceptée, a entraîné la riposte des médiocres : la rumeur et le ragot. Sur un plan général, je ne vois pas de raison fondamentale de se priver, dans le dialogue, des armes que les journalistes n'hésitent pas à utiliser contre vous dans leurs articles, en abaissant ou rabaissant tous ceux avec qui ils ne sont pas d'accord.

Pour les avocats, le problème est beaucoup plus sérieux parce qu'ils sont directement impliqués dans un combat judiciaire qui peut les conduire à faire flèche de tout bois. Il faut inscrire cela dans une problématique plus vaste qui a partiellement changé le rapport de force entre magistrats et avocats. Quand j'ai commencé mon métier, si le magistrat était en charge de la décision (quand le pouvoir politique n'étouffait pas l'affaire sensible !), l'avocat, lui, avait la liberté et l'argent.

Aujourd'hui, le magistrat n'est pas le fonctionnaire le plus mal loti, mais, à l'évidence, son salaire est sans commune mesure avec certaines réussites exceptionnelles du barreau. Celles-ci sont, cependant, devenues de plus en plus rares, de sorte qu'en moyenne la jalousie fondée sur l'argent s'est fortement dissipée même si beaucoup de nos collègues continuent à confondre, chez l'avocat, le revenu avec le chiffre d'affaires. La liberté de l'avocat demeure à coup sûr un fondement de cette activité, mais les contraintes de ce métier libéral sont devenues telles qu'il est de plus en plus difficile de l'exercer dans sa pureté.

En même temps, ce qui entravait le magistrat – en tout cas celui du parquet – n'existe plus. La magistrature, depuis plusieurs années, dispose d'une liberté intellectuelle et professionnelle qui fait qu'elle n'a plus rien à envier au barreau. En forçant le trait, on pourrait même dire que le client pèse plus lourdement que le pouvoir politique qui a décidé, en tout cas jusqu'à nouvel ordre, de laisser une institution, qu'elle ne porte pas en haute estime et dont elle a peur, aller au bout de sa pratique d'indépendance, espérant sans doute abus, dysfonctionnements et vertiges de pouvoir, qui la discréditeraient aux yeux de la société. Après tout, ce n'est peut-être pas si mal calculé !

Ce rapport de force s'est également infléchi, sur un plan capital et qui était la conséquence de cette double supériorité d'origine, liée à l'exercice de la liberté et à l'aisance financière : la présence et la notoriété médiatiques. Longtemps, l'avocat a été seul à en bénéficier, l'obligation de réserve et l'institution judiciaire d'alors condamnant pratiquement les magistrats au silence. Depuis, quel changement ! On pourrait même soutenir que la médiatisation du magistrat est allée trop loin, en tout cas sur un certain registre. Il y a, en effet, deux sortes de médiatisation : celle qui sert au corps tout entier et qui doit être favorisée, celle qui ne sert qu'au magistrat concerné. Lorsque de grands magistrats comme Patrick Desmures, Armand Riberolles, Gilbert Thiel ou Renaud Van

Ruymbeke s'expriment, c'est évidemment la magistrature qui, à travers eux, offre une image flatteuse d'elle-même et communique heureusement avec la société.

Lorsqu'en revanche le juge Lambert, pour remonter loin dans le temps, nous indiquait que certains actes judiciaires le mettaient dans l'incapacité d'accomplir l'acte intime, il nous renseignait, certes, sur sa physiologie mais n'était pas loin de ridiculiser, en même temps, ses collègues, par la piètre impression qui se dégageait de ses pénibles aveux. Ce risque d'une mauvaise médiatisation est encore aggravé par le défaut de discernement de certains médias qui, souvent, vont au magistrat « médiocre » comme le fleuve va à la mer. Ils s'obstinent à croire que la grande affaire fait inévitablement le grand magistrat et, donc, s'attachent à celui-ci, alors que c'est exactement l'inverse qui est vrai : le grand magistrat, dans tous les cas, préexiste à l'importance des dossiers qui lui sont confiés, et c'est lui qui fait de chaque affaire une grande affaire. Judiciaire, si elle n'est pas toujours médiatique.

Si une telle analyse avait été faite, on aurait vu, ces dernières années, une sensible révision des valeurs et des compétences. Qui savait qu'à l'instruction, à Paris, Jean-Pierre Zanotto était un très grand juge ? Qui pouvait deviner, en raison de sa discrétion et du fait que les médias n'ont envie que d'aller creuser un sillon déjà engagé, qu'il honorait l'instruction, contrairement à certains de ses collègues plus appréciés des journalistes que sur le plan judiciaire ? Qui savait, à lire et à écouter, qu'en face d'Éric Halphen il existait quelques magistrats remarquables, totalement compétents et très déterminés ? Il y a la magistrature réelle (peu connue) et la magistrature médiatique.

Encore une fois, je ne récuse pas la magistrature qui se sert de l'information pour faire connaître ce qu'elle est, son travail, la grandeur de sa mission et la complexité des pensées qui sont au cœur de la problématique judiciaire. Mais je dénonce la magistrature vulgaire qui va vers les médias, les courtise pour être courtisée, les flatte pour être flattée, les sollicite pour être sollicitée. L'autre, la grande, est connue et souvent respectée pour ses pratiques mais sait résister à la vanité. L'attitude, sur ce plan, d'un Philippe Courroye ou d'un Armand Riberolles, est exemplaire. Quelle force il faut, aujourd'hui, pour savoir résister à la tentation qui ferait du magistrat un personnage ! Toujours est-il que le barreau, dans cette bataille des médias, doit dorénavant compter avec la magistrature qui s'est engouffrée dans l'immense espace de liberté qui lui a été ouvert à la fois par la passion citoyenne et par l'atonie du pouvoir politique, et qui veut s'y installer durablement. De tout cela il résulte qu'avec le pouvoir de plus en plus considérable (et judiciairement effectif) dévolu au magistrat, la jalousie n'est sans doute plus éprouvée par la magistrature mais, à l'inverse, par le barreau. Je le répète, si celui-ci est couronné de têtes remarquables et de grandioses talents, une immense piétaille ne brille pas des mêmes feux. Et on devine ce que les frustrations peuvent entraîner !

D'autant plus que le combat judiciaire n'est plus ce qu'il était. Qu'on m'entende bien : quelques très grands avocats sont mes amis et je suis fier de cette amitié, mais mon analyse porte sur le commun des avocats, les pires étant les « petits maîtres », pas tout à fait en bas, pas du tout en haut. Le combat judiciaire n'est plus ce qu'il était parce que les règles n'en sont plus respectées. Après le procès, un avocat général qui n'est pas parvenu à convaincre se tait, ne se répand pas dans les médias et ne considère pas comme une offense personnelle, mais comme un désaveu éventuellement réformable, l'arrêt criminel non conforme à ses réquisitions. Mais l'avocat ? Souvent, il vitupère l'arrêt de condamnation, proteste auprès des médias, annonce son intention d'interjeter appel, évoque la manipulation du jury, le rôle néfaste du président. Mais, bizarrement, jamais sa propre insuffisance. Je ne suis même pas sûr que, dans le dialogue intime que chaque professionnel doit entretenir avec son être profond, tel ou tel sache se remettre en cause. L'avocat qui a échoué dans sa démonstration n'en finit pas de vous le faire payer. L'appel, que le barreau a voulu, ne lui suffit plus. Il lui faut, aussi, les doléances personnelles et médiatiques qui constituent une voie de recours sauvage.

Ce changement brutal d'attitude – on veut à la fois les recours, le secours des médias, la polémique, l'appel et, pour faire bonne mesure, pratiquement à tout coup, le syndrome de l'erreur judiciaire – fait que, tout naturellement, le magistrat devient l'ennemi, et non plus seulement l'adversaire judiciaire. C'est celui qui vous a empêché de gagner et, par dépit, il convient de rendre caducs, par n'importe quel moyen, ses succès judiciaires. Tout y passe : connivence entre magistrats, manipulation du jury, collusion avec les présidents... Ce serait comique si de telles rumeurs ne concernaient pas l'audience criminelle qui se déroule publiquement et contradictoirement. J'ajoute que, la plupart du temps, si le débat judiciaire risque d'être tronqué, c'est à cause de l'appui quasi systématique fourni par certains médias à la défense.

Il n'y a pas eu d'affaires où je n'ai pas été exactement suivi qui ne m'ait amené à m'interroger et à mettre en cause mon argumentation et ma faculté de convaincre. J'ai d'abord cherché en moi-même les raisons de ma défaite intellectuelle et judiciaire puis, éventuellement, dans le talent de la défense. Les plus grands, encore, donnent un exemple que le barreau ne suit plus comme un seul avocat. Je l'ai déjà dit, mais comment ne pas être ébloui par la politesse, la modestie et l'humanité des talents supérieurs, quand le jeune barreau, de plus en plus fréquemment, se réfugie derrière la seule qualité de sa jeunesse pour vous opposer des attitudes hautement discutables ?

Conclusion

Pour conclure, sans acquitter totalement mon caractère, je crois tout de même que l'essentiel est ailleurs. Il y a une conjuration inévitable de ceux qui croient vous connaître et de ceux qui ne vous connaissent pas – de magistrats, d'avocats et de journalistes que je remercie de penser ce qu'ils pensent et d'être ce qu'ils sont : ils me font, plus que jamais, exister.

Ce livre ne va-t-il pas définitivement « compléter le portrait » que d'aucuns se plaisent à dessiner de moi – narcissique, brutal, péremptoire, solitaire ? Ne risque-t-il pas d'apparaître comme une multitude d'ouvrages judiciaires qui s'écrivent d'abord avant de s'interroger sur leur nécessité ? Pourtant, je relève le défi et j'ose affirmer qu'il a sa justification, pour moi impérieuse. Sa force, c'est, sans paradoxe, son apparente faiblesse. Il ne s'agit pas d'un essai ni d'une construction philosophique qui viendraient de haut, apposer avec la fausse évidence d'une objectivité d'ailleurs impossible, un sceau définitif sur l'univers judiciaire, ses richesses, ses carences. Il ne s'agit pas d'un pur questionnement intellectuel qui traiterait de la justice comme si elle était une langue et une matière mortes. On ne peut prétendre parler de la vie judiciaire en l'ossifiant sous des abstractions qui, pour faciliter l'analyse, la défigurent. Je n'ai pas l'impudence de prétendre parler au nom de tous, puisque au contraire, et heureusement, je ne parle que de ce que j'ai senti, perçu, pensé et vécu. J'ai tenté, honnêtement, de dire toujours la vérité et, quand je ne le pouvais pas, j'ai préféré le silence au mensonge.

Rien de plus trompeur que ces ouvrages qui, émanant d'un unique regard, veulent vous donner l'illusion d'embrasser le monde entier. Au contraire, dans ces pages, une subjectivité s'exprime et elle sait que c'est sa seule chance sinon de convaincre – ce n'est jamais que sa vision, même si elle l'espère au-delà d'elle-même –, du moins d'entraîner, d'exalter ou d'irriter. Une liberté, au travers de ce livre, vous prend à témoins et vous demande de la suivre sur mille chemins conceptuels, anecdotiques, polémiques, prospectifs. Ce sont les manifestations multiples, et sur tous les registres, d'un magistrat qui, avocat général à la cour d'assises, ne dissimule rien, s'avance à visage découvert, critique sans complaisance, fuit le corporatisme, n'idolâtre pas les médias, a la fierté de son métier, propose un optimisme actif, respecte les attentes populaires et attend avec impatience les combats et les contradictions à venir.

On pourra tout dire, sauf que ce livre a été écrit masqué et qu'il préfère les faux consensus aux vraies et belles batailles.

Table

COMPOSITION : NORD COMPO
IMPRESSION : S.N. FIRMIN-DIDOT AU MESNIL-SUR-L'ESTRÉE
DÉPÔT LÉGAL : AVRIL 2003. N° 58540 (63333)
IMPRIMÉ EN FRANCE